# 문방구 아저씨

좌충우돌 자영업 생존기

# 문방구 아저씨

## 좌충우돌 자영업 생존기

마정건 지음

청년
정신

프롤로그

새벽, 어둠이 흩어지기 시작하고 조금씩 여명이 번져갈 무렵 집을 나섰다. 칼바람이 얼어붙은 뺨을 아프게 때렸다. 잔뜩 웅크린 행인 몇이 어둠 저편으로 사라지는 모습을 보며, 난 무심히 차 안으로 몸을 구겨 넣었다. 짧은 잠으로는 쌓인 피로가 풀리지 않아서 가게로 향하는 내내 하품이 나왔다.

퇴직을 하고 문구점을 개업한 지 5년째, 사람들은 지금도 내게 묻는다. 자영업 시작하고 5년을 버텼으면 자리 잡은 거 아니냐고. 요즘 같은 불경기에 참 좋겠다고.

상대하지 않았다. 잘 모르면 입 좀 닥쳐주시라고 소리치고 싶었지만 꾹 참았다.

사람들은 왜 잘 알지도 못하면서 상대의 사정을 마음 내키는 대로 짚고 규정해버리는 걸까? 난 다만 웃으며 말했다.

"그냥 하고 있습니다."

세상이 바뀌었다고 말한다. 엉망이었던 세상이 바뀌고 있다고 말한다. 하지만 바뀌었다면, 바뀌고 있다면, 어디까지 바뀐 것인지 문득 궁금해졌다. 오히려 되묻고 싶었다. 어떻게 되어야 바뀌었다고 말할 수 있는 건지 알고 있느냐고. 여기는 여전히 전쟁터라고. 부디 잘해달라고 박수와 격려를 보내지만 삶의 한복판에 서면 난 현실로 돌아오고야 만다.

　그래서 푸념이라도 해볼까 한다. 비정규직보다도 못한 자영업자들의 고달픈 일상에 대해. 대한민국 자영업 전반이 왜 파산 직전에 놓여 있는지를 말이다. 순전히 작은 가게 장사꾼 입장에서 급진적인 제안 몇 가지도 담아보았다.

　내용 어딜 봐도 따뜻한 구석은 별로 없다. 오히려 곳곳에서 현실 세계를 향한 적대감을 드러내 보일 뿐이다. 그건 먹고살고자 하는 발버둥에 불과할 뿐 불의한 시대를 개혁하고자 하는 정의감의 발로 때문이 아니다.

　그렇지 않은가. 아무도 관심을 갖고 쳐다볼 생각도 하지 않는데, 엄혹한 현실에서 살아남기 위해선 비명이라도 지르는 누군가는 있어야 하지 않는가. 이젠 여기도 좀 봐달라고. 너무 오래 방치하고 있는 거 아니냐고. 자영업 시장이 흔들리면 힘들게 쌓아놓은 다른 것들마저 흔들릴지 모른다며 위험신호를 보내야 하는 것이다.

　자영업자들은 매일매일 멍들어가는 가슴팍을 부여잡고 부디 오늘은 어제보다 나빠지지 않기만을 바라며 살아가고 있다. 이제는 그들의 목소리를 들어봐야 할 때가 되지 않았는가.

차례

# 매일 일희일비하는 삶

　　나의 하루는 일곱 시 반부터 시작된다. 직장인들이 출근준
비로 부산한 시간, 난 이미 가게 문을 열고 들어선다. 서둘러
물걸레로 바닥을 닦고, 진열대에 쌓인 먼지를 닦아내고, 밤새
어질러진 가게 밖을 쓸고는 문구와 참고서를 사러오는 학생
들을 기다린다.

　　흐트러진 물건들을 정리하고, 빠진 물건 채우는 일은 어제
이미 끝내고 퇴근했다. 그래야 아침에 조금이나마 여유를 찾
을 수 있기 때문이다. 더러워진 걸레를 빨고 나서야 한숨을 돌
리며 뜨거운 커피를 한잔 마시는 시간. 여전히 급한 마음 때문
에 후후 불어가며 커피를 마시는 시간이지만 그때만큼은 온
갖 시름과 고민들을 잊는다. 백설탕처럼 하얀 김이 피어오르
다 사라지는 모습을 망연히 감상하면서 나는 그렇게 작은 행
복과 수시로 마주하며 살아갈 기운을 얻는다.

곧 등교하는 아이들로 가게 주변이 소란스러워진다. 갈라진 목소리로 친구를 부르는 아이, 뛰어가는 아이, 친구들과 뒤엉켜 떠들어대는 아이들, 어떤 아이는 고개를 푹 숙이고는 혼자 걸어간다.

커피 잔이 비워질 즈음 학용품이나 실내화를 사러 학생 한두 명이 들어오고, 나는 본능적으로 아이들의 움직임을 눈으로 쫓는다. 아이들이 몇 명 되지 않을 때는 느긋하게 주시만 하면 되지만 아이들이 떼로 몰려들면 뒤로 기댔던 내 몸도 자동으로 세워진다. 햇병아리 시절에는 손님이 많지 않았을 때도 계산을 하는 데 온통 정신이 팔려서 다른 데는 신경을 쓸 겨를이 없었지만 5년이 되어가는 지금은 사각지대에 있는 아이들의 동태를 눈여겨보면서도 빠르게 계산을 마칠 수 있을 정도가 되었다.

하지만 아이들이 몰려오면 여전히 긴장감이 드는 건 어쩔 수 없다. 도난 우려 때문이다. 대책이라고 해봐야 살 사람만 들어오도록 통제하는 수밖에 없다. 그렇게 막아도 사지도 않을 거면서 끝까지 들어오는 아이들이 있다. 그런다고 아이들을 막거나 화를 낼 수는 없다. 도난을 최대한 막고자 노력을 할 수 있을 뿐이지 근본적인 대책이란 건 없다. 그렇게 들어온 아이들 중에 구경을 하다가 마음이 움직여 사는 아이도 더러 있고, 가게에 대한 인식이 나빠질 수 있어서다. 그렇지만 쩨쩨하기로 둘째가라면 서러워할 나인지라 아이들의 거친 손길이 계속되면 급기야 목소리를 높이게 된다.

"눈으로만 봐라~."

"그거 주물럭거리다 터지면 네가 사야 해~."

반 협박처럼 들리지만 얼굴은 더할 나위 없이 따뜻한 미소를 짓는다. 그래야 뒤끝이 없다. 그래야 문구점 아저씨를 싫어하는 아이들을 최소로 줄일 수 있다. 그런 게 장사 같다.

등교시간에는 여유가 없기 때문에 아이들은 대개 필요한 것만 사서 금방 나간다. 학교 앞 문구점의 아침 장사는 그렇게 딱 10분 동안이다. 대부분의 학생들이 등교시간에 임박해서야 학교에 가다보니 생기는 현상이다. 일찍 집을 나서 학용품이나 준비물을 사는 아이는 드물기 때문에 8시 전에 등교하는 부지런한 아이들을 보면 품격이 달라 보일 정도다.

아이들은 대부분 문을 박차고 들어온다. 숨을 헐떡이는 아이를 맞이할 때면 덩달아 나까지도 숨이 가쁘다. 말도 빨라지고 손놀림 발놀림도 다 빨라진다. 그래도 무슨 말인지 우린다 알아먹는다.

급하게 들어온 한 아이가 숨이 가빠 말은 못하고 손짓으로네모를 크게 그리면 나는 그게 뭔지 즉시 알아차린다.

"도화지? 네 발치에 있다!"

아이는 도화지 두 장을 빼내 계산을 치루고 서둘러 나간다.

아침장사가 끝나면 흐트러진 물건들을 반듯하게 정리하고, 부족한 재고를 파악해 수첩에 옮겨 적는다. 재고가 없는 것들은 그날 당장, 아니면 최대한 빠른 시간 안에 조달한다. 나는 아이들 참고서도 함께 취급하기 때문에 신학기처럼 바쁜 시기에는 거의 날마다 구매하기 위해 나가야 한다. 가용자금이 넉넉해 미리 넉넉하게 구입해두면 매일 나갈 필요가 없겠지만, 나처럼 간당간당하게 살아가는 영세 자영업자는 현금을 확보하자마자 지체 없이 도매점으로 달려가 필요한 물건들을 매입해 와야 한다. 그저 몸 하나가 전 재산이니 다쳐서는 절대 안 된다는 강박에 늘 휩싸여 있다. 하지만 그게 마음대로 되겠는가.

한번은 급한 마음에 학생들 참고서 묶음을 한꺼번에 들어나르다 허리에서 뚝 하는 소리가 나며 맥없이 주저앉았는데 그때부터 내리 5개월을 앓았다. 천만다행으로 허리뼈는 이상이 없었지만 허리를 지탱하는 힘줄들이 심한 충격을 받아 한 달 동안 물리치료를 받았음에도 전혀 차도가 없었다. 통증을 견디기 어려워 나는 담당 의사에게 진심을 담아 요청했다.

"세상에서 가장 쎄엔~ 진통제로 처방해 주세요."

의사는 나를 어이없다는 듯 바라보더니 이렇게 말했다.

"꾸준히 물리치료 받고, 따뜻한 곳에 누워 충분히 휴식하면 좋아집니다."

의사가 아니라도 그건 나도 할 수 있는 조언이었다. 그때는 겨울 초입이었는데 내 가게는 단열도 제대로 안 된 오래된 건물이고, 눕기는커녕 한 푼이라도 벌어야 하는 처지에서 충분한 휴식을 취한다는 건 꿈도 못 꿀 형편. 나는 말없이 의사의 처방전만 받아들고 나왔다.

그해 겨울은 떠올리기도 끔찍할 만큼 고통스러웠다. 소위 구멍가게에 불과한 문구점에서 정상적인 난방시설을 갖출 만한 능력도 없었고, 얇은 벽을 뚫고 들어오는 한기에 내 허리는 점점 더 오그라들기만 했다. 가게 면적에 비해 턱없이 부족한 용량의 전기스토브를 붙들고 있었지만 등 뒤를 찌르는 냉기와 허리통증을 막기에는 역부족이었다. 손님이 오면 카운터를 붙잡고 간신히 일어나 어서 물건을 사서 빨리 가 주기만을 기다렸고, 그나마 아직 오지 않은 감기를 향해 빌 따름이었다.

'감기야, 제발 너만은 오지 말아다오. 너까지 오면 난 죽는다.'

나의 구매처는 문구, 완구 도매점과 학습참고서 총판이다. 문구류는 매주 오는 방문차량을 이용하기도 하지만 직접 도매점을 방문해 구매하는 경우가 더 많다. 헤아릴 수 없이 많은 문구나 완구를 방문차량들이 다 소화하기가 불가능할 뿐만 아니라 팔릴 만한 문구나 완구에 대한 눈높이가 서로 달라서

다. 특히 유행에 민감한 품목들은 단돈 오백 원짜리라 하더라도 내 눈으로 일일이 확인하고 골라내야 안심이 되었다. 그렇게 직접 챙기려고 하다 보니 몸이 고달프기는 하지만 이왕에 이 길로 들어선 마당이니 여기에서도 프로근성을 요구한다.

아이들이 열광하는 품목은 도매상보다 현장에서 직접 판매하는 소매상들이 더 잘 알 수밖에 없다. 아무것도 몰랐을 때는 도매점과 도매차량들이 던져주는 제품들을 별 대꾸도 못하고 덥석 받았지만 이젠 그럴 까닭이 없다. 지금도 도매점 판매원들이 이게 잘 나가니 팔아보라고 강력하게 권하는 물건들이 있지만 나는 무조건 꼼꼼이 따져본 후 구매한다.

비싸지도 않은 물건을 구매하는 데 그렇게 소심하게 굴 것까지 있는지 눈치가 보이기도 한다. 그러나 우리와 같은 소매상들에게는 그런 물건들이 예상만큼 팔리지 않고 하나 둘 재고로 쌓이게 되면 훗날 작지 않은 우환거리가 된다. 가게 구석에 처박혀 있는 이전 주인이 넘기고 간 저 악성재고들이 바로 그 증거물이다.

내가 이 바닥에서 터득한, 자영업자로서 갖춰야 할 덕목 중 하나를 고르라면, 융통성을 열어둔 상태에서 자기만의 원칙과 소신을 지키는 것이다. 잘못되면 모든 게 전부 내 탓이다. 남 탓으로 돌리고 보상받을 수 있는 건 아무것도 없다.

도서는 학생들이 보는 참고서와 잡지만 취급한다. 참고서와 잡지는 도서로 분류하기가 차마 민망한 까닭에 나는 내 가게를 한 번도 서점으로 인정한 적이 없다. 동네서점들이 전멸하다시피 한 이후 최근 생겨나고 있는 독립서점들이 저마다 의미 있는 가치와 연대를 표방하며 고군분투하고 있지만 나는 그저 팔 수 있는 것들 중 하나로 책을 팔 뿐, 학생들을 대상으로 하는 교재판매에 고고한 철학 따위가 있을 턱이 없다.

독립서점의 꿈이 없는 건 아니지만 내겐 아직 그럴 여력이 없다. 무엇보다 이 좁은 동네에서 잘할 자신이 없다. 요즘처럼 상식이 무너져가는 시대에 작은 동네나마 문화적 환경 조성이 얼마나 소중하겠는가, 절실히 느끼고 있지만 팔리지 않는 책에 둘러싸여 배를 쫄쫄 굶으면서까지 운영할 통 큰 마음이 내겐 없으니 어쩌랴. 공부하는 자식들이 나와 아내의 품을 완전히 떠나면 그때나 고려해볼까 한다.

책은 다른 품목에 비해 마진이 적은 편이다. 책은 총판(출판사나 1차 도매점과 직거래하는 지역 도매점)에서 가져다주지 않고 전량을 가게 주인이 직접 가져와야 하기 때문에 이송비용이 들고, 외근을 하는 동안 가게 문을 닫아 손님을 놓치는 것까지 고려하면 이익은 더 줄어든다. 책만 전문으로 배달하는 업체가 있기는 하나 월정 배달료가 부담스러워 판매량이 일정 수준 보장되는 서점에서나 이용할 수 있을 뿐 나와 같은 영세서점은 꿈도 못 꾼다.

하지만 마진이 적고 이송비용이 들어가더라도 교양서를 포함해 한 권을 주문하더라도 모두 받는다. 고객이 오늘 당장 가져다 달라고 요구하는 경우를 빼고는 지금까지 모두 처리한 것 같다. 한 권의 책 주문은 나로선 분명히 손해다. 그렇지만 나는 한다. 이유는 한 가지다. 책임감 때문은 아닌 것 같고, 사정이야 어찌되었건 명색이 서점을 겸하면서 책을 제대로 구비해 두지 못하고 있다면 주문처리라도 잘 수행해야 한다고 생각하기 때문이다. 나태함에 빠지지 않으려는 몸부림인지도 모르겠다.

눈썹을 휘날리며 문구, 완구도매점과 도서총판을 돌고나면 오전시간이 훌쩍 지나간다. 오전에는 손님이 드물어 그 시간을 이용하는 것이지만 그래도 마음은 늘 급하다. 학생이 아닌 일반 손님들이 볼펜이나 수첩 따위를 사기 위해 종종 찾기도 하고, 어쩌다 큰 손님이 오는 날도 있기 때문이다. 게다가 모처럼 가게에 왔는데 문이 닫혀 실망하는 사람들의 얼굴을 떠올리면 조바심이 나지 않을 수 없다. 급하게 책을 나르다가 허리를 다쳤던 때도 그런 상황에서였을 것이다.

어쨌든 마음이 늘 조급하다 보니 운전도 거칠어질 수밖에 없다. 가장 빠른 길을 찾아 요리조리 치고 빠지기를 반복한다. 그렇게 운전을 하면서 지금까지 큰 사고가 나지 않은 게 하늘이 보살피셨을 것인데, 아마 대부분의 자영업자들은 나와 비숫한 사정을 안고 있을 것이다. 경제 환경은 나아질 기미가 없는데 대책 없이 쏟아져 나오는 퇴직자들은 자영업시장으로 밀려들고, 경쟁은 더 치열해지고, 마진은 줄어가고, 직원을 채용할 여력은 없고, 가족을 부양하고 각종 인사치례로 들어가는 비용은 날로 커져가니 마음의 평화는 언감생심이다. 영문도 모른 채 운전습관까지도 호전적으로 변해가는 것이다.

3년 전으로 기억한다. 그때 나는 도매점에서 구매한 문구들을 트렁크에 싣고 서둘러 가게로 돌아가는 중이었다. 교차로 한 곳에서 오른쪽 도로의 좌회전 신호가 끝나고 내 쪽 차선에 서 있던 차들이 녹색 신호를 받고 출발하려고 할 때 1톤 트럭 한 대가 오른편 도로에서 좌로 꺾으며 급히 달려오는 게 보였다. 출발하려던 차들이 일제히 정지했고 내 옆 차가 경적을 울리며 경고를 했던 모양인데, 상대편 운전자는 미안하다고 손 한 번 들어주면 될 것을 고개를 위아래로 흔들어대며 눈알을 부라렸다. 맨 앞줄에 있던 나는 신기하게도 쌍욕을 내뱉는 그의 입술 움직임을 정확히 포착했는데 막말로 그는 "나 건드리면 다 죽여 버릴 거야."라는 기세였다.

그런 어처구니없는 경험은 나도 했다. 그날 나는 좌회전하기 위해 1차선을 달리고 있었고 불과 100미터도 안 되는 지점 반대 차선에서 내 차선 쪽으로 자꾸만 고개를 넣다 뺐다 하던 차 한 대가 마침내 중앙선을 침범하며 달려오는 게 아닌가. 깜

짝 놀란 나는 속도를 줄이며 멈추다시피 서행했고 라이트를 올렸다 내리기를 반복하며 상대의 주의를 촉구했다. 위험한 상황이었지만 묘하게 화가 나진 않았다. 다들 힘든 판국에 무슨 사정이 있겠거니 했다. 그런 내게 상대 운전자는 자기 차선으로 들어가며 내게 인상을 쓰고 주먹을 흔들어 보이며 지나가는 게 아닌가. 나의 상향 라이트가 기분 나빴던 것 같은데, 나는 너무나 기가 막히고 흥분한 나머지 하마터면 차를 돌려 그 차를 쫓아갈 뻔 했다.

대체 저 무례하고 막 돼먹은 인간들은 뭘까? 아무리 살기가 팍팍하고 힘들어도 저런 식으로 행동하는 건 정말 아닌데. 그러다가 난 문득 이런 생각을 하게 됐다.

"혹독한 삶이 가진 것 없는 사람들끼리의 싸움을 부추길 수 있겠구나. 고단한 현실에 내몰리면 없는 자들끼리 마구 두들겨 패겠구나. 생사여탈권을 쥔 사람들은 저 먼 곳에서 팔짱끼고 구경하고 있는데 '을'끼리 또는 '을'과 '병'이 피가 튀는 전쟁을 벌이겠구나."

가게에 도착하면 이제 구매한 물건들을 풀어헤쳐 적당한 곳에 배치하는 일이 남는다. 초등학교 저학년 아이들이 학교를 마치기 전에 정리해야 하므로 장보는 시간이 길어져 늦게 도착한 날은 손길 발길이 바빠진다. 문구점에서 파는 품목들은 순수 문구가 아닌 오밀조밀한 저가형 오락거리도 많아서 손길이 많이 간다. 이렇듯 나처럼 규모가 작은 소매점들은 내부 일거리가 적지 않다. 모르는 사람들은 콩알 만한 가게를 운영하는 데 힘들 게 뭐가 있겠느냐고 하겠지만 활용공간이 좁아서 오히려 머리를 더 싸매야 하고 손길이 더 많이 간다.

학습참고서는 비어 있는 자리에 바로 꽂으면 그만이지만 새로운 오락물이 추가되면 유사한 물건들을 합쳐 자리 비워 진열하든지 비슷한 품목들을 쌓아 올려 자리를 마련하든지 어떻게든 머리를 쥐어짜야 한다. 문방구를 방문해본 사람이라면 누구나 한번쯤 느꼈을 것이다. 동네 문방구들은 왜들 하나같이 어질러놓고 물건을 파는지 모르겠다고. 뭐가 어디에 있는지도 모르겠고 발 디딜 틈조차 없다고. 그건 다 정리할 공간은 부족하고, 팔만한 품목들이 계속 출시되기 때문이다. 처음에는 제대로 정리했겠지만 점차 시간이 지나면서 그 지경에 이르게 되는 것이다.

정리할 물건들이 많을 땐 점심시간을 놓치는 일이 허다하다. 혼자 가게를 운영하는 자영업자가 밥을 제때 챙겨먹는다는 건 쉽지 않은 일이다. 일상의 고단함을 잠시나마 잊기 위해 밥을 먹는 시간이라도 편했으면 좋겠지만 그게 잘 안 된다. 가게 모퉁이에 창고를 겸한 작은 부엌이 있어 작은 식탁과 의자를 놓아두기는 했지만 나는 늘 서서 밥을 먹는다. 국에 밥을 털어 넣고 서둘러 먹어치운다. 밥을 먹을 때 손님이 들어와 일을 보다보면 밥과 국은 식어 있기 마련이고 그런 일이 반복되다 보니 앉아서 차분하게 먹을 여유가 달아나버렸다.

한번은 라면이 너무 먹고 싶어서 손님이 뜸한 시간대를 고르고 골라 라면을 끓였다. 내가 생각해도 면발이 탱탱하게 살아 있음이 느껴질 정도로 맛나게 끓였다. 코와 목구멍을 연신 공격하는 라면의 뜨거운 김 세례와 싸우며 두 젓가락쯤 먹었을 때였다. 입을 벌려 큼지막한 김치 한 조각을 막 넣으려는 찰나 출입문 열리는 소리와 함께 꼬마 아이 둘이 들어왔다. 나는 한숨을 쉬며 밖으로 나가 밝은 얼굴로 아이들을 맞았다. 빨리만 가 준다면 나는 라면을 맛있게 먹을 수 있을 것이다. 두 아이는 좁은 가게 구석구석 돌아다녔다. 간 곳을 또 가고, 봤던 것을 다시 가서 보기를 여러 번. 나는 아이들과 부엌을 번갈아 보면서 애간장을 태웠다. 이윽고 아이들이 무엇을 살지 결정을 내렸다. 500원짜리 젤리형 장난감과 400원짜리 물풀 한 개였다. 합이 900원. 나는 하마터면 이렇게 말할 뻔 했다.

"이거 사려고 20분 동안이나 돌아다녔냐? 저 라면은 뭐가 되라고!"

하지만 나는 장사꾼다운 인내심으로 미소를 지으며 계산을 끝내고 터덜터덜 부엌으로 갔다. 라면은 불어터져 면발의 굵기가 세 배가 되어 있었다. 아마 그날 이후로 서서 먹는 게 습관으로 굳어진 듯하다. 정말이지 차분하게 앉아서 먹을 여

유가 없다. 지금 생각해보면 그건 마음의 여유지 시간의 여유
는 아니었던 것 같다.


　오후의 문구점은 아침시간과는 확연히 다르다. 오후 2시가
가까워오면 저학년 아이들이 문구점을 향해 뛰어오는 소리부
터 들린다. 특별히 유행하는 놀잇감이 출시되면 그 빈도가 더
잦아진다. 아이들이 열광하는 것들은 대개 개당 500원, 1000
원 하는 플라스틱 딱지나 젤리형 완구 따위의 오락꺼리다. 딱
지치기는 모양과 재료가 달라졌을 뿐 여전히 아이들이 가장
좋아하는 놀이 중 하나다. 어떤 땐 나도 모르게 흥분하며 딱
지 따는 방법을 아이들에게 설명하고 있다.
　"큰 딱지에 겁먹을 거 없어. 빈틈을 찾아 사정없이 때리라
고."
　오후에도 아이들이 한꺼번에 몰려오는 게 반갑지만은 않
다. 친구를 따라 오는 아이들이 대부분이고, 역시 도난에 대
한 염려로 신경이 곤두선다. 게다가 아침시간에 비해 시간이
많으니 아이들은 태평하기 이를 데 없다. 쇼핑매너가 좋은 아
이들은 상관이 없다. 손길이 거친 아이들, 그런 아이들을 방
관하는 부모가 겁이 날 뿐이다. 만지다가 상품 가치가 훼손
되어도 손해요, 없어져도 손해니 거칠고 오래 머무는 아이들
과 부모가 들어오면 자동적으로 긴장 모드로 돌입하게 된다.

그로부터 1시간이 지나 초등학교 고학년 아이들이 간간히 들러 연예인 스티커나 사진, 필기도구를 사간다. 또다시 1시간이 지나면 중학교 아이들이 들어와 노트나 참고서를 사간다. 지켜보고 계산하고 정리하고 가게 안을 돌아다니다 보면 어느덧 해가 서쪽으로 뉘엿뉘엿 기울고 있다.

저녁시간은 동네 아이들이 엄마 아빠와 함께 산책을 겸해서 지나는 길에 값싼 놀이용품을 사러오거나 선물이나 학용품을 사기 위해 들른다. 운이 좋은 날엔 할아버지 할머니 손을 잡고 오는 꼬마아이들의 성화에 2~4만 원대 장난감이 팔리기도 한다. 고가의 품목이 팔릴 때마다 난 가슴이 조마조마하다. 특히 "너무 비싸잖아!" "사줘!" 하면서 할아버지와 손자의 실랑이가 치열해질 때면 어떻게 결론이 나게 될지 심장이 졸아든다. 대기업마트가 동네상권을 잠식한 뒤로는 동네 문구점에서 고가의 장난감은 씨가 마르다시피 했는데, 이렇게 팔려도 되는 건가 싶어 별안간 송구한 마음이 드는 것이다. 큰 매장을 놔두고 왜 이런 데서 사느냐고 대놓고 말하는 부모들에게 상처받은 기억도 새록새록 떠오른다. 그래도 팔리면 기분은 좋다. 단숨에 500원짜리 딱지 2박스 분량을 판 데다 팔릴 만한 물건을 가져다놓은 내 안목에 자부심(?) 같은 게 느껴진다고나 할까.

저녁시간이 그럭저럭 흘러가고 한가해질 즈음 난 뜨거운 커피 한잔을 다시 찾는다. 그제야 제대로 된 커피 맛과 향을 즐긴다. 눈을 감고 다리를 꼬고 앉아 아무 생각 없이 마음 저쪽을 바라본다. 이따금 공부를 마치고 집으로 돌아가는 학생들이 지친 몰골로 들어와 필요한 문구를 사간다. 졸음을 이기지 못하고 몽롱해진 나를 바라보는 아이들의 눈도 나와 다를 바가 없다.

어느덧 9시 30분, 문 닫을 시간이다. 불 몇 개를 꺼서 가게가 곧 닫는다는 암시를 주며 빠진 물건들을 채우고 정리하는데, 거나하게 취한 남자 손님이 아들 딸에게 줄 선물이나 작은 완구를 덥석 사가기도 한다.

저녁식사는 주로 집에서 먹는다. 혼자서 가게를 지킬 때 가장 거추장스러운 게 식사다. 성스러워야 할 시간이지만 먹다가 수저를 놓아야 하는 일이 잦은 자영업자로서 제때에 저녁밥까지 차려먹을 엄두가 나지 않는다. 10시가 넘어서야 먹는 저녁밥이지만 이제는 적응이 되었다. 덕분에 몸은 늘 찌뿌둥하다. 역류성 식도염으로 1년 전부터 음식을 먹으면 목에서 걸리는 이물감이 느껴졌는데, 병원에 가기 전에는 그 원인도 몰랐었다. 사람은 잠을 자면서 몸의 기관들도 쉬도록 해 줘야 하는데 그렇게 하지 못하니 벌어지는 현상이라고 의사는 말했다. 늦은 저녁식사 때문이었던 것이다. 도저히 허기를 못 참겠으면 가게에서 저녁밥을 지어 있는 반찬에 대충 먹기도 하지만 집 식탁에 앉아 아내가 끓여준 뜨거운 국물에 천천히 먹고 싶은 걸 어떡하랴.

늦은 식사지만 난 술도 곁들인다. 너무 늦은 시간이라 맥주 1병, 소주 두세 잔 정도지만 난 이 시간이 있어 행복하다. 어쩌면 이 시간을 기다리며 하루를 버텨내는지도 모르겠다. 조금이라도 더 자야 한다는 강박과 아내의 핀잔을 누르고도 남을 만큼 소중한 시간. 가끔 궁금할 때가 있다. 그건 아내가 궁금해 하는 것이기도 하다. 나는 왜 술이라면 자다가도 벌떡 일어나는가. 다른 건 느려터졌으면서 왜 술 마시자고 하면 누구보다 먼저 서둘러 나서는가. 당분간 이놈의 역류성 식도염, 고쳐질 것 같지 않다.

아침 7시 30분부터 밤 9시 30분까지 총 14시간의 근무. 그런 내게 어떤 사람이 우스갯소리로 물었다.

"한곳에 그렇게 오래 있다 보면 돌아버릴 것 같지 않소?"

나는 웃으며 대답했다.

"차라리 돌아버렸으면 좋겠소."

자영업 5년차, 시간이 참 빠르다. "이걸 꼭 해야 해?" "이거 아니면 굶어죽어?" 하며 그토록 피하고 싶었는데 정말 할 수 있는 게 없었고, 그래서 무작정 시작했다. 직장인으로서 출퇴근을 하는 게 익숙했고 주말과 휴일에는 푹 쉴 수 있었던 과거의 영화(?)는 단지 추억만으로도 사치가 되어버린 지 오래다. 하루는 웃고 하루는 울고 싶은, 매일 매일이 똑같은 일상의 반복. 손님이 있는 날은 마음이 놓이고 손님이 없는 날은 침울해 지는 게 지금의 내 모습이자 대한민국 자영업자들의 고단하고 위태로운 일상이다.

# 자영업자가 된다는 것

　23년에 걸친 직장생활은 순탄치 않았다. 대기업에 입사해 핵심부서에 배치됐지만 업무는 시시했다. 회의록을 모으고, 계산기를 두드려 틀린 수치를 잡아내고, 복사하는 일에서 보람을 느끼는 건 어렵다.

　회사가 어려움을 겪을 때, 밥값이라도 하고 싶다는 생각으로 나름대로 거시적인 대안을 내놓았다. 하지만 돌아온 건 가만히 있으라는 질책이었다. 부서장도 가만히 있는데 일개 사원이 나서자 자존심이 상했던 모양이었다.

　가지고 있는 역량이 부족했음에도 그저 적당히 묻어가지 못했던 것은 성격 탓이었겠지만 나는 대기업 사원으로 월급을 받는 데 만족하는 대신 전망이 밝고 내 존재감을 드러낼 수 있을 만한 곳을 찾아 여기저기 기웃거렸다. 혹은 조직 논리로부터 벗어날 수 있는 자유로운 직업을 꿈꾸기도 했다. 내가 고

달픈 직장생활을 할 수밖에 없었던 이유다.

지금의 나는 젊은 친구들에게 '평생직장은 없다.'는 경구를 가장 경계하라고 말한다. 이직은 가급적 한 번으로 끝내야 하고, 평생직장을 기필코 찾으라고 역설한다. 내가 틀렸는가? 만약 내가 틀렸다고 생각하는 사람이 있다면 그 사람은 매우 능력 있고 조직생활을 잘하고 있다.

물론 세상은 변했다. 수많은 직종이 없어지고 4차 산업혁명 시대에 걸맞은 새로운 직종이 무수히 생겨나고 있다. (공공기관을 제외하고) 평생직장에 대한 개념이 사라질 수밖에 없는 환경이다. 오래 있고 싶어도 오래 버틸 수 없는 상황도 늘고 있다. 그럼에도 불구하고 나는 가급적 한곳에 오래 머물러야 한다고 줄기차게 주장한다. 어떻게든 말이다. 나중에 보라. 결국 진득하게 남아 있는 사람들이 그렇지 못한 사람들보다 안전하게 살아갈 확률이 훨씬 높다. 그건 안이함이나 회피가 아니다. 용기 없음은 더욱 아니다. 내 일을 하건 재취업을 하건 어디를 가나 큰 차이가 없다. 결국 내가 하기에 달려 있다는 사실에 도달할 수도 있음을 간과하지 말자. 고령화 시대다. 버틸 때까지 버티고 다음 단계로 진행해도 결코 늦지 않다.

난 내가 옳다고 생각하는 바를 끈질기게 주장하는 축에 속했다. 하급자에게는 위계 때문에 그게 통할 수 있어도 상사 입장이라면 전혀 다른 문제다. 그 상사가 사장이라면 더욱 그렇다. 난 가끔 그런 상황을 만들곤 했었다.

이제야 나는 젊은 직장인들에게 말할 수 있다. 네 주장을 정도껏 펼치라고. 네 의견이 타당하고 동료들이 인정해 준다고 해도 상사가 참아줄 임계점에 도달하기 전에는 반드시 멈추라고. 내가 틀렸는가? 만약 내가 틀렸다고 생각하는 사람이 있다면 그는 지금까지 상사 운이 좋았던 것이다. 사회생활하면서 배려하고 수용하는 상사를 만난다는 건 행운 중의 행운이다. 하지만 그 상사는 자기주장이 강한 부하직원과 그만 헤어지고 싶어 할지도 모르겠다.

정리하자면 나는 회사를 자주 옮겨 다녔고, 종종 주장을 굽히지 않고 고집을 부렸다. 결국 그것들이 나의 삶을 고단하게 만들었다. 사실 그럴 수밖에 없는 이유도 있었다. 첫 이직의 동기가 된 첫 번째 회사의 부도는 나뿐만 아니라 회사의 장기 근속자들까지 밖으로 내몬 중차대한 사태였다. 내가 운이 없었다는 의미는 이것이다. 멀쩡하게 보였던 회사가 사회적으로 문제가 되고 그토록 맥없이 넘어질 것이라고 누가 알았겠는가. 소위 겉만 번지르르한 대기업들의 문어발 확장의 여파이다.

게다가 첫 번째 이직도 실패로 돌아갔다. 당장 회사를 떠나는 데에만 급급한 나머지 다음 직장 선택에 신중치 못했던 것이다. 난 조급해졌고 그것이 더 잦은 이직을 불러왔다. 이직이 이어질수록 직장의 질은 더 나빠졌다. 시간은 눈 깜박할 사이에 흘렀다. 그렇게 나이를 먹었고, 나는 열악한 조건에서도 일하지 않으면 안 되는 상황에 자주 직면했다. 결국 비정규직보다 못한 여건의 직장이 마지막이었다.

오십이 넘어가자 재취업은 불가능해보였다. 변변찮은 일자리 하나를 두고도 나보다 훨씬 젊고 쟁쟁한 경력자들이 치열하게 경쟁하는 판국에 내 한몸 들이밀 자리가 보이지 않았다. 그러다 우연찮게 지인의 소개를 받고 이 길로 들어섰다. 당장 먹고 살아야 했으므로 자영업을 하느냐마느냐 하는 선택권이 내겐 없었다.


가게를 인수하기 위해 처음 문구점에 들렀을 때, 헤아릴 수 없이 많은 품목을 보고 나는 더럭 겁부터 났다. 문구점 물건이 원래 이렇게 많았던가? 이걸 무슨 수로 다 외우지? 사람들과 섞이기 싫어하고 혼자 있기를 좋아하는 나로선 몇 백 원, 몇 천 원짜리 물건을 팔자고 아이들과 부대낄 광경을 떠올리는 것만으로도 온몸에서 전율이 일었다.

문구점을 하기 전에 부모님께 말씀드리러 갔던 자리를 지금도 나는 잊지 못한다. 나는 온갖 구실과 합당한 이유를 긁어모아 부모님께 완곡히 설명을 드렸다. 자식교육에 최고의 열정을 쏟으셨던 그분들을 실망시키고 싶지 않았었다. 자식이 그럴듯한 직장을 가지고 안정적으로 잘 살아주기를 바랐을 텐데, 이제 그 힘들다는 자영업자가 되고자 하는 것이다.

내 말을 다 듣고 나신 아버지가 이윽고 말씀하셨다.

"장사는 아무나 하더냐. 처음부터 장사로 시작한 사람들도 어려운 게 문방구일 거다. 공부만 하고 평생을 직장에만 갇혀 산 네가 아니냐. 요즘 장사들도 안 된다던데 쉽지 않을 거다. 어렵더라도 취직자리 다시 알아봐라."

아버지는 시종일관 문방구 문방구라고 지칭하며 문구점의 격을 낮추어 불렀다. 본래 사람 눈을 보고 말씀하시던 아버지의 시선은 다른 곳에 있었다. 나는 아버지의 목소리에서 안타까움과 허탈함, 자식에 대한 실망과 불신을 읽었다.

어머니는 한쪽에서 가슴만 쥐어뜯고 계셨다. 어머니는 네가 또 고생길로 들어서는구나 하시며 오직 자식의 안위만을 걱정하셨다. 문구점을 개업하기 전 어머니는 아버지 몰래 알뜰히 모으셨던 적금을 깨 장사밑천에 보태라며 내게 보냈다. 큰돈은 아니지만 한 푼이라도 아쉬웠던 난 그 적금이 어머니의 눈물인 줄 알면서도 사양하지 못했다. 난 이 돈은 엄마에게 빌린거라고 강조했지만 어머닌 웃기만 하셨다.

부모님 댁을 터덜터덜 걸어 나오며 나는 형에게 전화를 걸었다. 술 한 잔 하자고.

술자리에서 형은 내 계획을 듣고 나더니 아버지가 차마 못했던 말을 대놓고 했다.

"너 이거 하려고 서울까지 가서 공부했냐?"

동생의 성공을 누구보다 열망했던 형. 그날 형은 나보다 술을 더 많이 마셨다. 집으로 돌아온 난 행여 가족들이 볼세라 화장실 문을 걸어 잠그고 내내 참았던 눈물을 쏟아냈다.

# 창업컨설팅, 성공하지 못한 선배의 굴욕

　기왕에 시작하는 거 잘해보고 싶었다. 가슴 뛰는 희망을 품었던 건 아니었어도 낙담하기엔 이르다며 긍정적인 마인드를 가지려고 애썼다. 그렇게 하다 보니 정말로 희망에 가슴이 벅차오르기도 했다. 나는 우선 소상공인 지원기관부터 기웃거렸다. 나와 같은 사람이 적지 않을 테니 정부도 창업자를 위한 매뉴얼이나 적당한 지원 사업을 꾸준히 전개하고 있지 않을까 하고 기대했다. 결과는 실망스러웠다. 내 입장에서만 보아서 그랬는지 활용할 만한 게 거의 눈에 들어오지 않았다.

　그렇다고 가만히 있을 수는 없어서 경영컨설팅을 신청했다. 아무것도 모르는 상태라 전문가에게 지도를 받아보는 것도 나쁘지 않을 것 같았다. 기본 컨설팅 기간은 정부로부터 비용을 지원받을 수 있지만 나는 자비를 포함하여 컨설팅 기간을 더 연장했다. 푼돈조차 아껴야 할 형편이었지만 섬세한 컨설팅 결과를 간절히 원했다.

다음으로 군대 후배를 찾아갔다. (난 장교로 의무복무를 마쳤다.) 후배의 사촌동생이면서 내게도 군 10년 후배가 되는 이가 신도심에서 문구점을 하고 있다는 말을 얼핏 들어 소개를 받아 조언을 받고 싶어서였다. 자초지종을 듣고 난 후배는 왜 이제야 왔느냐며 수선을 피웠다.

"제 사촌동생이 문구점 크게 한다고 말했었죠?"

후배는 선배님은 큰 버팀목을 만났다며 앞으론 돈 버는 일만 남았다는 것처럼 굴었다. 기분이 좋아진 난 그래봐야 코딱지만한 문구점이라며 후배 앞에서 한없이 나를 낮추었다. 사실 그런 겸손은 추레하고 비굴한 것이었다. 사람들은 그런 태도를 좋게 봐 주지만 그건 자기기만이고 노예근성에 불과하다.

후배는 사촌동생에게 전화를 걸어 내 사정을 전하며 대선배가 조만간 찾아갈 테니 잘 좀 안내해 달라며 간단히 부탁했다. 난 후배가 좀 더 성심껏 자세히 이야기해 주길 바랐지만 그거라도 어딘가. 난 후배가 고마웠다. 왜 진즉 그의 도움을 받을 생각을 못했을까? 그깟 자존심이 다 무어라고 망설였던가? 난 후배 사무실을 나오며 뭔가 길을 잘 잡아가고 있다는 느낌에 사로잡혔다. 전문가 컨설팅과 큰 문구점을 운영하는 후배의 가르침(후배일지언정 내 처지에 가르침이라 불러야 마땅했다.)

정도면 준비 단계치고는 괜찮은 것 같았다.

　다음날 나는 아내와 함께 후배의 문구점을 찾았다. 앞날이 불안하고 두렵기는 아내도 마찬가지였다. 난 아내에게 미래를 준비하는 데 최선을 다하고 있는 남편의 모습을 보여주고 싶었다. 직장생활 시절, 원치 않는 일과 박봉으로 자주 의기소침해 하던 남편이 자신감 넘치고 밝은 모습을 보인다면 아내의 시름도 저만치 물러갈 터였다. 게다가 이 문구점 사장은 시쳇말로 촘촘히 줄을 세워도 보이지 않는 까마득한 후배니 오죽 선배에게 깍듯하겠는가? 유치한 발상이지만 그런 모습도 아내를 위로해 줄 수 있을 것이었다. 적어도 그날만이라도 말이다. 그렇다고 내가 군대 선배라는 점을 후배에게 은근히 압박하고픈 맘은 추호도 없었다. 우린 힘겨운 군 생활을 오래 전에 끝냈고, 후배건 누구건 같은 시대를 분주하게 살아가는 동료들이므로 서로를 존중해야 하는 것이다.

　후배는 바빠 보였다. 나는 사전에 후배에게 전화를 걸어 한가한 시간대를 물었다. 물어볼 게 많을 건데 그의 일을 방해하고 싶지 않았다. 하지만 일이란 게 어디 그런가. 갑자기 손님들이 몰려오면 어쩔 수가 없다.

　난 손님들이 몰려 있는 계산대 근방을 어슬렁거렸다. 후배가 원하는 시간에 정확히 맞춰서 왔고, 물건을 사러 온 모양새가 아닌 것으로 보아 그 후배는 가게에서 얼쩡대고 있는 흰머리 많은 사람이 선배라는 걸 어렵지 않게 짐작할 수 있을 것이었다.

계산에 열중해 있던 후배는 나와 아내를 잠깐 쳐다보더니 아무 말 없이 시선을 거두었다. 난 아내를 옆에 두고 좀 멋쩍어졌다. 그는 나를 못 알아본 것 같았다. 마지막 손님이 계산을 마치고 나가자 후배는 내게는 눈길도 주지 않은 채 직원을 부르더니 업무지시를 내렸다. 그게 금방 끝날 것 같지 않아 나는 아내에게 매장을 좀 둘러보자고 했다. 그때쯤엔 나도 다소 불쾌해진 상태였다.

나는 내색하지 않고 아내의 꽁무니만 따라다녔다. 아내는 매장을 둘러보며 "이 정도는 되어야 하는데…." 라며 부러움을 드러냈다. 나는 가급적 후배의 시야에서 벗어나지 않는 곳 위주로 돌아다녔다. 그래야 후배가 늦게라도 눈치 채지 않을까 싶었다. 아내 손에는 어느새 문구용품 몇 개가 들려 있었다.

"후배라며… 뭐라도 사야 도리가 아닐까 해서. 필요하기도 하고…."

카운터를 보니 아까 그 직원은 보이지 않고 후배 혼자 무언가를 노트에 끄적이고 있는 중이었다. 후배는 나 있는 쪽은 쳐다볼 생각도 없는 것 같았다. 아무리 봐도 그다지 중요한 일을 하는 것 같지 않아 보여 나는 카운터 쪽으로 갔다.

"많이 바쁘시네요."

후배에게 다가간 난 높임말을 하며 나를 소개하려고 했다. 후배는 나를 보며 아무렇지 않게 말했다.

"약속했던 시간이 원래 바쁘지 않은데 그렇게 되었네요."

난 당황했다. 그는 내가 선배인줄 알고 있었던 것이다. 건강해 보이는 그의 얼굴엔 누가 봐도 귀찮아하는 기색이 역력했다. 아내가 다가와 나와 후배를 번갈아 보았다. "내게도 당신 후배를 소개시켜줘."라고 하는 눈빛이었다. 나는 어떻게 해야 할지 난감했다. 그때 한 무리의 손님들이 계산대 앞에 물건을 내려놓았고 후배는 또다시 나와 아내에게서 시선을 돌렸다.

그날 그곳을 어떻게 빠져나왔는지 나는 기억하지 못한다. 아마 내가 먼저 후배에게 다음에 오겠다고 말했을 테고, 그런 나를 후배는 굳이 붙잡지 않았던 것 같다. 난 집으로 가는 내내 아무 말도 하지 않았다. 불쾌함과 굴욕감이 뒤엉켜 할 말을 잃었다고 보는 편이 맞겠다. 아내는 내가 불쌍해 보였는지 신경 쓰지 말라며 내 등을 토닥거려 주었다. 대한민국에서 통상적인 선후배 관계가 어떤 건지 잘 모르는 아내도 내가 후배에게 형편없는 대접을 받았다는 사실은 눈치 챈 듯 했다.

후배가 의도적으로 나를 그처럼 홀대하지는 않았다고 생각한다. 다만 대선배라고 한들 사회적 성공과는 한참 거리가 먼 내가 그에겐 조금도 중요한 존재가 아니었을 뿐. 게다가 큰 문구점을 운영하고 있는 사람 눈에 동네 문구점 주인이 얼마나 하잘 것 없는 존재로 보였겠는가. 내가 성공을 구가하고 있는 사람이었더라면 선배가 아니었더라도 그가 보였을 반응은 짐작할 만하다.

컨설팅 이야기로 돌아가야겠다. 결론적으로 내가 신청했던 점포 컨설팅은 이론과 립 서비스에 그쳤다. 현장 중심, 고객과의 만남에서 발생할 다양한 상황들, 상품의 종류, 진열방법 같은 실전 정보가 절실했지만 대부분은 원론 수준에 그쳤다. 그런 내용조차도 내가 직접 파악한 것들 이상은 없었다. 내가 파악하기 곤란한 것들을 컨설턴트가 짚어주길 바랐지만 책상에 앉아 방향만 제시할 뿐, 원래 그렇게 하는 것인지 나보고 직접 다녀보라는 말만 했다.

만약 누가 내게 소상공인 지원기관의 경영컨설팅을 받아보려고 한다며 의견을 묻는다면 나는 선뜻 동의하기보다 대답을 유보할 수밖에 없을 것 같다. 한두 번의 컨설팅으로 정부지원 컨설팅의 수준과 질에 판단을 내리는 건 무리겠으나 선뜻 신뢰가 가지 않는다. 우린 형식적으로 돌아가는 공공 시스템을 너무나 많이 보아왔고 또 경험하지 않았던가. 그 이상도 그 이하도 아니다.

그럼에도 불구하고 누군가 나는 아무것도 모르니 그나마 정부의 컨설팅이라도 받아야 하겠다고 한다면 두 가지 만은 당부하고 싶다.

첫째, 반드시 영위할 업종에 대한 컨설팅 경험을 가지고 있는 컨설턴트를 찾아야 한다. 대충 비슷한 업종과 성격의 컨설팅 경험으로는 뜬구름 잡는 결론만 나올 가능성이 높다. 다시 말해서 해당 업종에 대한 경험이 전무하다면 맡길 생각도 말아야 한다. 그 컨설턴트는 열심히 준비 중인 당신보다 더 현실을 모르고 있을 것이다.

두 번째, 알아야 할 내용들을 노트에 정리해서 컨설턴트 선택(컨설턴트는 신청자가 직접 선택한다, 컨설턴트를 아무것도 모르는 신청자가 직접 선택하게 하는 조치가 내게는 전형적인 행정편의주의로 보인다.) 전에 해당 컨설턴트에게 전화로 꼼꼼히 물어 만족스런 결과를 얻을 것 같을 때 결심을 하는 것이 좋다. 요컨대 현장중심, 성과중심으로 작동된다면 더 없이 유익할 이 제도를 그런 방향으로 활용하라는 것이다.

구멍가게일지라도 처음에는 챙겨야 할 것들이 많다. 컨설턴트가 경영 핵심을 잡아주지 못하고 귀중한 시간만 낭비할 것 같다면 컨설팅은 무의미하다. 프로다운 자부심과 책임감을 갖춘 컨설턴트라면 컨설팅을 해 준 후에 한번이라도 가게를 방문해서 제대로 운영되고 있는지 영업 추이를 살펴보고 피드백을 확인할 것이다. 하다못해 전화나 문자 한 통 정도 보내는 성의라도 보여줄 수 있다. 하지만 지금까지 두 번의 컨설팅을 받아보았지만 가게로 찾아오거나 연락을 취한 컨설턴트는 아무도 없었다.

# 견디면 견뎌진다

문구점을 열고 처음 한두 달은 어떻게 지나갔는지 모르겠다. 막상 시작하고 보니 나와는 잘 안 맞는다는 생각이 들었다. 게다가 가게에서 부딪치는 자잘한 문제들에 대한 대응에 대해서도 나는 전혀 모르고 있었다. 눈으로 익히고 외워둬야 할 수백 가지 문구류와 이것저것 찾는 손님들의 요구에 대처하고 계산하는 데도 진땀을 흘려야 했다. 보통 상품을 바코드 기계에 가져다 대면 모니터에 즉각 가격이 찍히고 계산을 한다. 그러나 그런 시스템을 설치할 엄두도 못 낼 처지인지라 일일이 가격표를 보며 계산기를 두들기고, 서툰 손놀림으로 잔돈을 헤아렸다. 그런 모습을 지켜보는 손님들은 오죽이나 답답하고 짜증스러웠을까. 지금도 그 생각만 하면 자다가도 잠이 확 달아난다.

'내가 지금 뭐하고 있는 거지? 이런 걸 하려고 대학까지 마쳤나? 이건 아니야.' 하는 비관적인 생각조차 하지 못할 정도로 난 순간순간의 난감한 상황으로 휩쓸려갔다. 불리한 계약 조건과 많은 투자에도 불구하고 왜 사람들이 깔끔하고 시스템이 갖춰진 프랜차이즈를 선택하는지 알 것 같았고, 그들이 진심으로 부러웠고, 맨손으로 모든 걸 준비해야 하는 전후 사정과 실제 상황은 상상보다 힘겨웠다.

아내가 문구점 자리가 났다는 정보를 흘리며 넌지시 "우리가 한번 해볼까?" 라고 말했을 때까지만 해도 정체모를 세계에 대한 막연한 불안감은 있었지만 그건 초행길에 누구나 가질 만한 정도의 감정이었다. 그냥 하다보면 어떻게 되겠지 하는 생각이었다. 하지만 막상 뚜껑을 열고 보니 그게 아니었다. 일, 사람관계, 자금문제 등 모든 것들이 나를 압박했고 구석으로 몰아붙였다.


나는 가게를 100% 빚으로 시작했다. 그동안 생활을 위해 집을 담보로 이미 많은 대출을 받았던 터라 난 문방구가 아니라 구멍가게도 할 형편이 못됐다. 큰 처제가 구원자로 나섰다. 본인이 아끼고 모아둔 피땀 어린 재산을 이자 없이 몽땅 빌려줬다. 보통 이런 경우에는, "이 돈이 무슨 돈인지 아냐? 열심히 해야 한다." 등등 잔소리깨나 했겠지만 언니를 사랑하는 통 큰 처제는 군소리 한마디 없었다.

난 물품 구입에 부족한 돈을 조달하기 위해 소상공인 대출을 통해 융자도 받았다. 낮은 이자율이긴 하지만 2년 후부터는 원금을 3년 안에 갚아야 하므로 당장에는 도움이 되겠지만 향후에는 몹시 부담이 될 것이었다. 내 돈 한 푼 없이 이렇게 막 저질러도 되는 것인지 등골이 서늘했다. 소심한 나로서는 터무니없는 결단이었고 막무가내도 그런 막무가내가 없었다.

그런 상황에서 아내와 처제는 두 달 동안 쉬는 날이면 하루도 빠지지 않고 매일 아침 6시부터 밤 12시까지 나를 도왔다. 매일 자신들의 일과를 마치고나면 어김없이 또 가게로 와 밤늦게까지 문구점 정리를 거들었다. 오래된 문구점들이 다 그렇지만 진열된 물건들을 보면 심란하기 짝이 없다. 이전 주인이 방치해놓은 그대로 장사를 해도 되겠지만 어떤 물건이 어디에 있는지 도저히 파악하기가 어려워 그냥 가만히 내버려둘 수가 없었다. 돈을 들여 새롭게 인테리어를 할 처지는 못돼도 보기 좋게 정리라도 하고 싶었다. 손수 정리하다 보면 수많은 문구 품목들도 하나둘 눈에 들어올 것이니 힘들어도 꼭 거쳐야 할 과정이었다.

우린 수많은 진열 품목들과 여기저기 처박혀 있는 물건들을 단 하나도 빠짐없이 큰 바구니에 담아 가게 밖으로 꺼냈다. 온갖 잡동사니로 어수선한 창고를 텄고 팔기도 쓰기도 어려워 보이는 문구류와 가구들은 미련 없이 내다버렸다. 그렇게 꺼내고, 분류하고, 버리는 시간만 일주일이 걸렸다. 동생이 전기공사를 해 주는 동안 쓸 만한 가구들을 다시 배치하고, 닦아내고, 페인트칠을 하는 데 일주일이 또 훌쩍 지나갔다. 그런 와중에도 손님이 오면 어떻게든 팔았다. 전 주인으로부터 재고를 인수할 때 가격표를 찍어둔다고는 했지만 옮기는 도중에 떨어져나가거나 없는 것도 많아 일일이 전화나 문자로 물어야 했다.

드디어 문구들의 자리를 잡아줘야 할 차례가 오자 난 아내와 처제에게 진지한 얼굴로 말했다.

"정리는 내가 직접 할게. 그래야 될 것 같아."

본업에도 시간을 아껴 써야 할 처제가 "함께 정리하면 빨리 끝날 텐데…"라면서 말끝을 흐렸다. 하지만 내 태도가 워낙 완강해보였던지 이내 설득을 포기했다.

난 헤쳐모여 직전에 찍어둔 사진을 참고해 문구와 완구의 형태와 가격을 외워가며 하나둘 각을 잡고 열을 맞춰가며 아주 찬찬히 정리했다. 아직 미진한 것들을 마무리하는 아내와 처제의 한숨소리가 저만치서 들렸지만 난 모른 체했다. 다른 사람 같았으면 한 시간이면 될 일을 이리 만지고 저리 만지며 하루 종일 붙잡고 있으니 오죽 답답했을까. 하지만 결과적으로는 그런 시간이 있었기에 문구점 업무의 일체를 상세히 파악할 수 있었다.

그렇게 한 달이 가뭇없이 흘렀고, 문구점을 운영하기 위한 적정재고에 대해 잘 모르고 있던 나는 얼굴도 익히지 못하고 있던 도매차량과 도매점 몇 곳을 틈나는 대로 방문하며 빈 공간을 채워나갔다. 그런 상태를 반복하며 또 한 달이 지나갔다.

어느 정도 물건들의 배치를 마무리해도 불만스러운 곳은 끝이 없어 보였다. 거기서 거긴 데도 나는 이렇게도 바꿔보고 저렇게도 바꿔보기를 수없이 반복했다. 그러다 보면 어느덧 해가 기울고 가게를 닫을 때가 오고, 별다를 것 없지만 또 다시 다음 날이 오고, 또 다음 날이 갔다.

이제야 말할 수 있다. 사람은 처해 있는 환경에 따라 위험한 생각조차 멈추어진다고. 나약해지는 감정조차도 발 붙일 틈이 없어진다고. 잠자고 밥 먹고 화장실 가는 시간을 빼고는 아플 틈도 없이 몸을 굴리면 그렇게 된다고. 그런 상황에서는 쓰러지지 않는 이상 무엇이든 기계처럼 그냥 하게 되어 있다고.

그러므로 나는 누구에게든 이렇게 충고한다. 미치도록 혼란스러울 때, 죽고 싶을 만큼 우울할 때면 아무거나 좋으니 무엇이든 붙잡고 몰입해보라고. 그 일을 할 때는 오로지 그 일만 생각하라고. 그러면 정말 나아진다. 견디게 된다. 그것은 본래 인간이 강해서가 아니라 그렇게 생겨 먹은 것이다.

# 하필이면 문방구냐!

　문구점을 개업하기 전, 그쪽 계통의 경험을 가진 친구에게 조언을 구한 적이 있다. 전혀 몰랐었는데, 가까이에 그런 친구가 있었다. 그는 문구점을 선택할 수밖에 없었던 배경과 필연성을 설명하는 내게 다짜고짜 말했다.

　"하필이면 문방구냐!"

　친구는 자영업을 시작할 수밖에 없는 나의 불안한 상태를 주의 깊게 보지 않았다. 그의 말에 나는 단번에 기가 죽었다. 하지만 나의 사정을 조금도 헤아리지 않고 아무렇게나 말하는 친구에게 못내 서운했다. 누군 하고 싶어서 하겠냐고, 조금이라도 잘해보고 싶어서 물어보는 거 아니겠냐고 말하고 싶었다.

　친구가 그렇게 말한 데는 이유가 있었다.

　첫째, 출산율이 낮아지면서 갈수록 학생 수가 줄고 있기 때문에 문구업은 전망이 없다는 것이다. 친구는 두 번째 이유가 더 중요하다고 했는데, 어려운 때일수록 사람들은 싸고 풍부하게 구색을 갖춘 대기업 마트나 대형 문구점을 찾는다는 것이나.

서점을 겸한 문구점을 어떻게든 5년 간 끌어오고 있는 지금에서 보자면, 친구의 말은 하나도 틀린 게 없었다. 단적인 예로 자기 한 몸 추스르기 힘들어지는 세상에서 출산율 저하를 피할 수 있겠는가. 그런 상태로 시간은 흐를 테고 빈 교실과 주인 없는 책상은 늘어갈 수밖에 없다. 게다가 공무원 사회와 사람 손이 절실한 분야를 제외하고는 정년을 보장받지 못하는 사회가 되었으니 사람들은 허리띠를 더 졸라맨다. 그렇다고 해서 아이들 학업에 필요한 문구류를 사지 않을 수는 없으니 물건도 많고 더 싼 곳을 찾게 되는 것이다. 동네 한 구석에 처박혀 있는 일개 문구점의 생사에 누가 관심을 갖겠는가. 학교 옆에 하나 남은 문구점조차 사라져 학생들이 급하게 학용품을 사기가 어려워지는 사태가 발생해도 그건 그때 가서야 이슈가 될 터이다.

"있잖아, 정문 앞에 하나 남은 그 문방구도 없어졌대. 임대료는 계속 오르지, 장사는 안 되지, 결국 접었대. 앞으론 그깟 볼펜 하나 사려고 저 멀리까지 가야 하나? 참말로 피곤하게 됐구먼. 평소에 이용 좀 해 줄걸 그랬어."

난 소리칠 것이다.

"아저씨, 아줌마! 됐거든요!"

헐값에 재고를 처분한 가게주인의 속은 보나마나 만신창이가 되었을 것이다.

안 할 수도 없는 판국에 문구점은 아니라고 결론을 내려준 친구에게 난 물었다.

"그럼 이딴 거 말고 더 나은 거 있나?"

난 턱을 치켜들었다. 친구는 그제야 분위기를 파악한 듯했다.

"하긴 그래. 대한민국에선 어떤 장사를 해도 마찬가지지."

대한민국에서는 뭘 해도 어려울 거라는 친구의 말은 나의 상심을 더 깊게 만들었다. 한번뿐인 삶이건만 하루하루 먹고 사는 일에만 매달려 살아야 한다면 도대체 그런 삶에서 무슨 의미를 찾을 수 있을까? 형용하기 어려운 슬픔이 밀려왔다.


두 가지 이유를 들어 "하필이면 문방구를 선택했느냐?"고 지적한 친구도 잘 모르는 부분이 있었다. 친구는 도매 계통에서 일했기 때문에 소매 현장은 잘 모른다. 군대 말로 도매상이 보급병이라면 소매상은 전투병이다. 눈앞에서 전우가 총에 맞아 꺼꾸러질 때의 공포와 적을 향한 두려움과 적개심은 온전히 전투병만이 알 수 있는 것처럼 '하필이면 문방구냐?'

라고 핀잔하는 말의 이유에는 현장에서 경험하지 않으면 알수 없는 세 번째 것이 포함되어야 진짜다.

난 지금까지도 두 아이를 생생하게 기억한다.

때는 한여름, 문을 박차고 들어온 그 여자아이는 "어서 오라"는 내 말에는 대꾸도 않고 좁은 가게 안을 성큼성큼 돌아다녔다. 살이 통통하게 오른 둥근 볼을 가진 아이는 전투를 앞둔 병사의 눈빛을 하고 있었다. 이윽고 한참을 돌아다닌 끝에 500원짜리 종이딱지 앞에 멈춘 아이는 딱지 통을 노려보더니 가지런히 놓인 딱지들을 마구 헤집기 시작했다. 통에는 총 24개의 딱지가 들어 있는데 그중 하나에 사람 얼굴 만한 대왕딱지를 공짜로 주는 스티커가 붙어 있어 그걸 찾겠다는 심사 같았다. 그래봐야 딱지는 팩에 담겨 있어 완전히 운인데도 아이는 통에 손을 수직으로 찔러 넣고 팩들을 마구잡이로 뒤집었다. 물건이 흐트러지면 본래대로 정리해야 성이 차는 내 눈에 일거리 하나를 만들어준 아이가 절대 예쁘게 보일 리 없었다.

난 일단 두고 보았다. 드디어 딱지 팩 하나를 높이 쳐든 아이가 '이게 틀림없어.'라는 표정으로 결정을 내린 듯 했다. 나는 속으로 '아저씬 뭐든 상관없단다. 어서 계산하고 빨리 나가야지.' 하며 다정한 미소로 아이가 계산을 하러 오기만을 기다렸다. 그런데 아이가 딱지를 통에 도로 집어넣으며 이렇게 말하는 게 아닌가.

"아니, 이거 말고."

아이는 빤한 면적의 가게를 다시 돌기 시작했다. 아이는
가게주인의 눈치 따윈 결코 보지 않았다. 5분을 더 돌아다니
며 머리끈, 비밀수첩, 액체괴물, 젤리괴물(캐릭터성 문구 완구의
이름) 순으로 계속 들었다 놓았다. 아이의 손길이 닿은 곳들은
폭탄 맞은 것처럼 엉망이 되어갔다. 드디어 나의 인내심이 바
닥나기 직전, 아이는 1000원짜리 젤리괴물 하나를 집어 들고
당당한 걸음으로 내게 왔다. 그리곤 선심 쓰듯 1000원짜리
한 장을 척 건네며 가게를 나가는 것이다. 어질러진 진열대를
보며 난 뒤통수를 붙잡고 눈을 감았다.

그런 일이 있고나서 일주일도 안 된 어느 날, 거짓말 하나
안 보태고 며칠 전 여자아이와 똑같은 분위기의 남자아이가
가게로 들어왔다. 소스라치게 놀란 나는 벌떡 일어났다. 치켜
올라간 녀석의 눈썹 끝이 예사롭지 않았고, 아이는 천 원 분
량의 동전을 손에 꽉 쥔 채 씩씩거리고 있었다.

다행히 녀석의 관심 품목은 조립블록, 포켓몬카드(아이들 카
드놀이의 일종), 마술봉(문구 이름) 세 가지였다. 많이 살 게 아니
라면 손님이 관심 갖는 품목이 적을수록 파는 사람 입장은 편
한 법, 세 가지는 흩어져 있었지만 모두 가시권 안이었고, 처
음부터 아이에게 선입견을 가질 수는 없으므로 난 도난을 예
방하는 차원의 주의만 기울였다.

하지만 남자아이는 세 가지를 놓고 갈팡질팡했다. 꾹 다문 입모양으로 봐선 결단력이 있어 보였는데 행동은 영판 아니었다. 조립블록을 만지작거리다 몸을 획 틀어 카드 쪽으로 황급히 달려와 만지작거리고, 또 몸을 획 비틀며 마술봉 쪽으로 가서 그것들을 들고 살까말까 망설였다.

여자아이의 움직임이 매장을 뱅뱅 도는 원 형태였다면 남자아이의 동선은 삼각형일 뿐 오래 머물면서 가게주인의 속을 뒤집는 두 아이의 쇼핑 스타일은 완벽하게 일치했다. 남자아이가 여자아이와 다른 점이 있다면 내 눈치를 다소 보더라는 것이다. 하지만 우왕좌왕하는 행태가 멈출 기미가 없음을 볼 때 그건 순전히 요식행위에 불과했다.

시간은 흐르고 다리가 저려왔다. 그날은 몹시 더웠는데 습도마저 높아 그렇지 않아도 부족한 용량의 에어컨이 무용지물인 날이었다. 굵은 땀방울이 오른쪽 뺨을 타고 흘러내렸다. 녀석의 얼굴도 땀으로 번질거리고 있었다. 저 아이를 그대로 두면 아예 문구점에 이부자리를 펼 것 같은 불길한 예감마저 들었다. 녀석의 뒤통수를 노려보던 난 결국 말문을 열고 말았다.

"친구! 이제 그만 하시지!"


돌아보면 그런 아이들이 부지기수인데 두 아이를 특별히

기억하는 건 그때가 막 가게를 시작했던 무렵이어서 그럴 것이다. 애초 살 생각이 없는데도 써보고 만지고 하는 아이들, 진열대를 흐트러뜨리고 물건을 함부로 다루는 아이들, 가격표가 붙어 있는데도 줄기차게 물어보는 아이들, 신상품 소식에 우르르 몰려와 예쁘다며 실컷 흔들고 눌러보기만 하고 그냥 가는 아이들, 아이가 이것저것 만지며 흐트러트려도 흐뭇한 미소로 방치하는 부모들….

사람들은 말한다. 왜 문구점 주인들 얼굴은 볼 때마다 어둡냐고. 말투는 왜 그렇게 쌀쌀맞느냐고. 장사가 안 된다고 불평만 늘어놓지 말고 당신들 서비스 마인드부터 점검하라고 말이다.

그러나 직접 겪어보니 수행자가 되려고 마음을 먹지 않는 이상 자동으로 얼굴이 찌그러진다. 아마 장사가 잘된다면 좀 덜할 터인데, 푼돈에 매여 수시로 밀려드는 피곤함과 대적해야 하는 게 학교 앞 문구점의 일상인 것이다.

그래도 이건 양반이다. 문구점 주인들이 정작 스트레스를 받는 이유는 따로 있다. 그건 문구점만의 문제가 아니라 일반 소매상이라면 누구나 민감한 대목일 것이다.

# 슬쩍하는 건 범죄란다

최근에 나는 놀이용품을 몰래 훔쳐 달아나는 아이를 붙잡았다. 아이는 CCTV가 완구 쪽을 비추고 있는 데도 모험을 감행했다. 아이가 훔친 건 완구의 중심부를 엄지와 검지로 눌러 잡고 돌리는, 아이들 사이에서 엄청난 인기를 누린 스피너라는 작은 놀이기구다. 정품을 카피 한 천 원대부터 수 만 원을 호가하는 정품까지 다양한 모양과 색깔로 아이들의 호기심과 소유욕을 자극한다.

아이는 6000원짜리를 집어 달아났다. 보통 나는 한 무리의 아이들이 가게에 들어왔다 나가면 흐트러진 물건들을 곧바로 정리한다. 그때마다 비싸고 도난이 쉬운 완구들은 제자리를 잘 지키고 있는지 습관적으로 체크한다. 아이는 내가 다른 손님과 이야기하고 있는 틈을 타 호주머니에 잽싸게 집어 넣고 가게 밖으로 빠져나갔는데, 때마침 내가 스피너의 수량을 확인한 직후여서 도난 사실을 바로 알았다.

가게에는 다른 아이들이 있었는데 난 너무 흥분한 나머지 후속조치도 취하지 않고 아이를 잡으러 가게 밖으로 튀어나 갔다. 아이는 영리하게도 뛰지 않고 빠른 걸음으로 저만치쯤 걸어가고 있었다. 나는 큰소리로 아이를 불렀다. 심상치 않은 목소리에 지나가는 사람들이 모두 나를 쳐다보았다. 아이는 처음에는 못들은 척 옆길로 새려다 나의 심상치 않은 목소 리에 주춤하더니 나를 보고 돌아섰다. 나는 빙빙 돌리지 않 고 "너 가져간 거 있지?" 하고 직설적으로 물었다. 아이는 아 저씨가 무슨 말을 하는지 모르겠다는 표정을 지어보였다. 내 가 녀석의 호주머니를 뒤지려 하자 빠져나갈 방법이 없다고 판단했는지 그제야 아이는 순순히 물건을 내주었다. 난 아이 를 조용히 가게로 데려왔다. 별 뜻은 없었다. 파는 입장을 떠 나 어른으로서 최소한 나쁜 짓에 대한 훈계는 해야 했다. 자 세히 살펴보니 뜻밖에도 아이는 말쑥한 옷차림에 깨끗한 용 모였다.

난 아이에게 지금 네가 무슨 짓을 한 건지 아느냐고 물었 다. 그렇게 안 보이는데 왜 이런 짓을 하느냐고 타이르며 말 했다. 본격적인 훈계는 아직 시작도 안 했는데 내 말을 가만 히 듣고만 있던 아이가 갑자기 학원에 가야 한다며 가게를 빠 져나가려고 했다. 그때 손님이 들어왔고 아이는 사과는커녕 재차 가야 한다고 말하며 슬금슬금 문 쪽으로 가더니 문을 열고 동네 위쪽으로 뛰어가 버렸다. 난 멍해졌다. 할 말도 제대로 못하고 착하게 보이는 한 아이에게 장난감 취급을 당했다는 느낌에 사로잡혔다.

이 일이 있기 이 주일 전에도 다른 아이 한 명을 붙잡아 신경이 날카로운 상태였다. 그때는 부피가 큰 조립완구여서 없어진 걸 쉽게 알았는데 아이가 가고 한참 후에야 CCTV를 돌려보고 누가 가져갔는지 확인할 수 있었다. 이 아이도 아이들이 주로 이용하는 하교시간에 왔고 다른 손님과 이야기하고 있을 때 물건을 슬쩍 했다. 난 녀석에게 좀 충격을 받았다. 그 아이도 단정한 옷차림과 곱상한 용모로 손버릇이 나쁜 아이로는 보이지 않았다. 가게 단골이자 씀씀이도 작지 않아 그동안 믿고 감시할 생각조차 안했던 아이였다.

난 녹화화면을 들고 학교를 찾아가려다 그만두었다. 완구를 좋아하는 아이인데다 내가 눈치 채지 못했을 거라 생각하고 다시 올 것 같았다. 없어진 완구는 부피가 큰 대신 같은 크기의 다른 시리즈물과 한데 모여 있어 주인이 파악하지 못했을 거라 생각했을 수도 있었다.

난 아이의 입장도 고려했다. 학교에 제보하면 아이는 선생님께 꾸중을 들을 것이고 자칫 소문날 수도 있어 아이에게 좋지 않다고 보았다.

아이는 물건이 없어지고 3주 후에 정말 다시 왔다. 가게에는 아이와 나밖에 없어 누가 엿들을 수도 없고 내가 하고자 하는 말을 온전히 전할 수 있었다. 아이는 태연하게 물건들을 구경하며 돌아다녔다. 난 숨을 크게 들이켰다. 엇나가지 않게 잘 타일러야 할 텐데….

계산을 하러 온 아이에게 잔돈을 내주며 난 물었다.

"너 아저씨한테 할 말 없어?"

큰 눈을 가진 아이는 나를 멀뚱멀뚱 바라보기만 했다. 난 없어졌던 완구가 놓인 곳을 가리키며 시치미를 떼고 말했다.

"저기 있는 조립완구가 없어졌는데, 뭐 아는 거 없어?"

앞의 아이처럼 이 아이도 아저씨가 무슨 말을 하는지 도무지 모르겠다는 표정을 지었다. 나는 CCTV와 노트북 화면을 가리키며 "저 카메라 가짜 아니다." 라고 말했다. 그리고 덧붙였다.

"작은 거라도 훔치는 건 범죄란다. 어른이라면 감옥에 갈 수도 있어."

그 말에 겁을 집어 먹은 아이는 바로 실토했다.

"아저씨, 죄송해요."

그리고는 호주머니를 뒤져 훔쳐간 완구 값을 치렀다.

난 아이를 세워놓고 전형적인 꼰대형 잔소리를 늘어놓았다. 바늘 도둑이 소도둑 된다, 한 번 훔치면 다른 데서도 훔치고 싶을 거다, 언젠가는 걸리게 되어 있다, 너희는 훔치면 그만이지만 아저씨 같은 생계형 자영업자들은 힘들어진다는 등 아이가 알아먹기 힘든 말까지 했다. 나로선 아이에게 경각심을 주자는 거였고 다소 흥분한 상태이기도 했다. 아이는 고개를 숙이고 내 말만 들었다. 그 모습을 보니 내가 괜히 미안해졌다. 난 아이의 새끼손가락에 내 손가락을 걸며 다시는 훔치지도 말고 생각도 말기로 다짐을 받았다. 그에 대한 보너스라며 난 아이에게 과자를 한 움큼 집어주었다.

그 일이 있고 난 이후 그 아이가 앞으론 내 가게를 다시는 찾지 않을 줄 알았다. 나 같으면 그랬을 것 같았다. 하지만 아이는 무슨 일이 있었냐는 듯 다시 내 가게를 찾았고, 그런 아이를 나는 진심으로 반갑게 맞아주었다. 만약 내가 참지 못하고 범인을 잡을 거라며 학교로 즉각 돌진했다면 과연 아이에게 어떤 영향을 미쳤을까 생각해보면 아이에게도 내게도 좋지 않았을 것 같다. 대범하지 못하고 때론 급해지는 성격의 내가 어떻게 자제할 수 있었는지, 돌이켜보면 그저 고마울 따름이다.

아이는 학교에서 전력이 있는 아이들의 무용담을 옆에서 주워듣고는 호기심과 충동을 느꼈던 것 같다. 그걸 어떻게 아냐고? 가끔 착한 아이들이 내게 와서 실태를 고발해 준다. 아저씨, 우리 반 누구누구가 아저씨 가게에서 색종이 훔쳤다고 자랑해요. 아저씨, 어떤 오빠가 지우개 훔쳐갔어요. 아저씨, 저도 하나 가져가면 안 돼요? 등등.

문구점을 개업하고 6개월 만에 처음으로 도난 사실을 인지했었다. 퇴근 전 가게를 정리하다 포장용 리본 통의 한쪽이 텅 비어 있는 걸 발견했는데 말로만 들었던 불미스런 일을 직접 겪게 되니 그 충격이 적지 않았다.

내가 문구점을 하리라고 꿈에라도 생각했겠는가, 잘 모르는 아이들에게 시달리면서도 어쨌거나 친절을 베풀었고, 화가 나도 의식적으로 웃음을 보이며 자제했고, 얘들이 다 그렇지 하며 건방진 어리광까지 다 받아주었는데 그 순간 일어나는 배신감을 제어하기 어려웠다. 그리고 난 다짐했었다. 이제 너희들을 믿을 수 없어. 앞으론 냉정하게 굴 거야.

그런데 말이다. 가소롭지 않은가. 배신감이라니. 내가 아이들하고 도대체 무슨 관계이기에 배신감까지 들먹인단 말인가. 난 먹고살기 위한 방편으로 장사를 시작했고 아이들은 필요한 걸 사러 온 손님일 뿐이다. 아이들을 살갑게 대한다고 내게 먼저 인사하는 아이들이 몇이나 되던가. 나는 일개 장사치요, 운 없게도 불량한 아이들한테 당한 것뿐이다. 성인군자인 척 하지 말자. 그렇게 스스로에게 되뇌었다. 나 어른 맞아?

언젠가 소매업 경험이 있는 한 손님이 내게 장사 몇 년 했냐고 묻더니 충고를 한마디 했다.

"물건 팔 생각 말아요. 훔쳐가는 것만 잘 감시해요."

그녀의 표현은 거칠었고 과장도 있었지만 경험에 근거한 것임을 나는 알아차렸다. 요컨대 그녀의 말은 가랑비에 옷 젖는다고 우리 같은 소매상들은 도난 실적이 쌓여가다 보면 상당한 타격을 입는다는 의미였다. 이전 주인도 내게 말했다.

"특히 종이가방이나 에코백 들고 오는 애들을 조심하시오. 주인이 한눈을 파는 사이에 닥치는 대로 집어넣는 강심장들이 있소."

그 후로 한동안 아이들을 대하는 태도가 경직되었다. 나와 눈이 마주치거나 카메라를 살피는 아이들을 경계했고, 종이가방이나 큰 옷을 손목에 걸치고 들어오는 아이들을 유심히 관찰했다. 감시가 어려운 상황에서는 가방을 입구에 두고 가라며 제지했다. 그렇게 한 짐 가득 안고 들어오는 아이들의 상당수는 친구를 따라온 경우가 많아 도난의 위험이 더 높았다.

급기야 난 가게의 배치를 바꿨다. 비싸거나 작은 사이즈의 품목은 카운터 가까운 곳에 두어 감시하기 쉽도록 했고, 감시가 어려운 품목은 비닐커버를 씌워 물건을 집으면 소리가 나게끔 조잡한 장치들을 여기저기 걸어두었다. 경고문도 부착했다. '구경 오신 분은 눈으로만 보세요, 그냥 집어가기 없기요. CCTV 촬영 중' 등등. 구매욕을 자극하면서 도난도 예방하는 전략적인 배치, 소매상으로서 그런 게 도난을 예방하는 최선인 것 같다.

그렇게 했어도 정도의 차이가 있을 뿐 물건은 어떻게든 지금도 사라지고 있다. 문구류는 수백 가지인데 500원짜리까지 그때그때 재고를 파악하는 게 쉽지 않고, 해야 할 일을 제쳐두고 매일 CCTV를 돌려보기란 불가능하다. 손버릇이 안 좋은 아이들이 친구들과 협업하여 훔치기로 마음먹는다면 어려울 것이 없다. 등하교 시간대에 몰려와 특정 품목 주위를 에워싸면 카메라로 찍어낼 방법이 없고 누가 가져갔는지 알 도리가 없다.

그렇다고 모든 아이들이 감시의 대상은 아니다. 정말 착한 아이들이 있다. 인사성 밝고, 조심스럽게 만지고, 필요한 것만 깔끔하게 골라내고, 계산할 때는 두 손으로 주고 두 손으로 받는 예의바른 아이들이 더 많다. 그런 아이들을 나는 믿는다. 그런 아이들이 오면 나는 책을 본다든지, 인터넷 검색을 한다든지 안심하고 하던 일을 계속한다. 믿을 만한 아이들에게까지 예민하게 군다면 그 아이들에게도 미안하고 그렇지 않아도 강팍해진 나 자신을 견디지 못할 것이다.

가끔씩 가게에 들러 복사를 해 가시는 동네 어르신 한 분이 계신다. 사회적으로 존경받는 학자 출신이라는 말들을 주변에서 들었다. 내가 봐도 그런 느낌이 물씬 풍기는 분이었다. 그날 그분과 나는 "경기가 안 좋다는데 장사는 잘 되느냐?" 등의 가벼운 대화부터 "내가 복사한 거 한번 읽어봐라."
라는 말에 이르기까지 이런저런 이야기를 주고받았다. 이야
기 와중에 내가 아이들이 때때로 물건을 집어가 죽을 맛이라
고 씁쓸해 하자, 어르신께서 자신이 어렸을 적 경험담을 이야
기해 주셨다.

"나도 어렸을 때 동네 문방구에서 슬쩍슬쩍 했지. 이해해
야지 어떡하겠어."

그리곤 아무렇지 않게 껄껄껄 웃으시는데, 난 너무나도 깜
짝 놀라 그동안 그분을 존경했던 마음이 순식간에 달아나고
말았다. 훔치는 사람이야 장난으로 혹은 욕심에 그런 짓을 저
지를 텐데 당하는 사람 입장은 아무리 작은 사고라도 그것들
이 쌓이면 생계를 위협받는 일이 될 수도 있는 것이다.

천진난만한 아이들을 매일 볼 수 있어 얼마나 행복하냐고
말하는 이들이 종종 있다. 자기들도 아이들을 무척 좋아한다
면서 보람차고 재미있을 것 같다고 말한다. 그런 말을 들을 때
마다 나는 이렇게 말하고 싶어 견딜 수가 없다.

"그다지 재미는 없고요. 그건 직접 해봐야 알 수 있죠. 사실
아이들을 진심으로 좋아하고 사랑하는지 알 수 있는 확실한
방법이 있지요. 초등학교 근처 문방구에서 한 달만 일을 해보
면 된답니다. 아이들을 왜 좋아하는지, 어떻게 좋아하는지 구

구절절 설명할 필요조차 없지요. 한 달 후면 즉각 결론이 나
온답니다. 즉각이요."

정말 천사 같은 사람도 있을 것이다. 아이들이 진열대를 헤
집어놓아도 일 년 열두 달 기쁘게 정리하고, 물건들이 없어져
손해가 발생해도 이런 게 인생이지 하며 대수롭지 않게 넘어
가고, 그런 사랑의 마음을 억지로 갖는 게 아니라 자연스럽게
우러나오는 그런 사람도 어딘가에는 있을 것이다. 아직까지
그런 사람을 보진 못했지만.

나의 소박한 다짐이 있다면 사람들에게 나쁜 말은 듣고 살
지 말자인데 이 업을 놓지 않는 한 쉽지 않을 듯하다. 아침 일
찍부터 저녁 늦게까지 잔일이 많고 아이들의 투박한 손길과
매일 싸워야 하는 업종의 특성상, 나도 인간이기에 손이 거칠
고 의심스런 아이에게 눈총을 주고, 핀잔도 준다. 그러니 저
아저씨 나쁘다고 말하는 소년 소녀가 왜 없겠는가. 앞으로 내
가 할 수 있는 거라고는 지금보다 나빠지지 않도록 유연한 마
음을 갖는 것인데 썩 자신이 없다.

이쯤 해서 자영업을 하려는 사람들에게 조언을 하나 드리
자면, 사전에 시장조사를 철저히 해서 가급적 적성에 맞는 업
종을 찾아보면 좋겠다. 예를 들어 아이들을 상대하는 초등학
교 앞 문구점은 예민하고 꼬장꼬장한 사람과는 맞지 않다. 틀
림없이 속병을 얻는다. 게다가 학교 앞 문구점들은 학습준비

물 경쟁입찰이라는 사려 깊지 못한 정책과 대기업 마트, 대형 생활용품점, 문구 프랜차이즈, 인터넷 판매업자에 밀려 회복하기 불가능할 만큼 무너졌다.

다른 업종도 마찬가지라고 본다. 어떤 업종이든 나아질 희망이 보인다고 해도 무조건 달려들지 말고 자신과 어느 정도라도 잘 맞을 것인지 심사숙고해봐야 한다. 정말 중요하다. 해당 업종에 대한 정부의 정책이나 방향도 반드시 살펴봐야 한다. 적성에 맞고 정책적으로 지원하고 보호해 주는 업종이라면 자발적으로 부지런해질 수 있고, 돈을 벌 기회가 더 눈에 들어올 수 있고, 더 행복해질 수 있다고 나는 믿는다.

나는 훈계 도중에 도망간 아이를 기다리고 있다. 학교 주변에 문구점은 여기밖에 없기 때문에 결국 오게 되어 있다. 녀석은 시치미를 떼겠지만 내가 녀석의 얼굴을 기억하고 있으니 빠져나갈 구멍은 없다. 평소 같으면 방금했던 생각도 금방 까먹기 일쑤지만 그런 일들은 묘하게도 뇌리에 그대로 박힌다. 녀석을 만나면 난 기어코 어른 된 도리로 훈계를 해야 겠다. 다만 녀석의 마음이 다치지 않도록 조심하겠다.

# 장사꾼은 배알이 없어야 한다?

개업을 하고 한 달째였다. 가게 정리가 덜 끝났고, 품목 구분을 제대로 못할 때였다. 손님이 와도 걱정이고, 안 와도 걱정이던 그때, 한 손님이 실내화를 사러왔는데 매우 큰 사이즈였다. 일반적으로 잘 팔리는 사이즈는 곧 찾을 수 있는데 그날따라 하필 큰 사이즈였다. 난 헤맸다. 여길 뒤지고, 저길 뒤져봐도 큰 사이즈의 실내화는 도무지 찾을 수가 없었다. 금세 이마에 구슬땀이 맺혔다. 그 모습을 지켜보던 손님이 짜증이 났던 모양이다. 그가 짝다리를 짚으며 내게 말했다.

"없는 거요, 못 찾는 거요?"

난 군대 신병처럼 쩔쩔매며 어쩔 줄 몰라 했다.

"죄송합니다. 제가 이거 시작한 지가 얼마 안 돼서⋯ 도저히 못 찾겠네요."

그는 한심하다는 눈빛으로 나를 보더니 아무 말도 않고 나갔다. 그런데 그가 가고 나니 그렇게나 안 보이던 실내화가 바로 보이는 이런 요지경은 또 뭔가. 손님이 차를 몰고 골목길을 빠져나가는 게 보였고, 난 실내화를 들고 달렸다. 차가 멈추고 그가 창문을 내리자 나는 재차 죄송하다고 말하고 실내화를 내밀었다. 돈을 건넨 그는 똑같은 표정으로 아무 말도 없이 차를 몰고 갈 길을 갔다. 나중에야 나는 그렇게까지 할 필요가 없었다는 걸 알았다.

하루는 어떤 아이의 엄마가 가게로 찾아왔다. 내게 뭔가 단단히 따지러 온 모양새였다. 그녀는 어서 오시라는 내 말에는 대꾸도 없이 다짜고짜 물었다. 그녀의 아들이 여기서 무얼 샀는데 잔돈을 제대로 준 게 맞느냐는 거였다. 그녀는 아이의 이름을 말했고, 나도 아는 것 같다고 했다. 그녀는 아이 이름을 어떻게 아냐고 심문하듯 내게 따져 물었다. 아이 이름이 가방인가 옷 어딘가에 붙어 있었고 그걸 내가 보았다고 말하자, 그녀는 내게 잔돈을 제대로 줬냐며 같은 질문을 또 했다.

그제야 나는 깨달았다. 그녀는 내가 아이를 속여 잔돈을 제대로 주지 않은 것으로 보고 나를 추궁하러 온 거였다. 그날 아이는 친구에게까지 완구를 사 주었는데 엄마에게는 야단을 맞을까봐 거짓말을 했던 것 같았고, 엄마는 완구와 잔돈이 맞지 않아 나를 의심했던 것이다. 무언가 속에서 북받쳐 올랐지만 난 짧게 대답했다.

"제대로 줬습니다."

그녀가 무엇을 샀는지 내게 물었고 나는 여기 오는 아이들이 한두 명이 아니라 일일이 다 기억하지 못한다고 말했다. 그녀의 의심은 더 증폭된 거 같았다. 난 이 억울한 상황을 최대한 면하기 위해 힘껏 기억을 되살려 무엇 무엇을 샀을 거라고 말했다. 결국 아이가 친구에게도 사줬을 거라고까지 말하자, 이윽고 그녀는 발길을 돌렸지만 여전히 나에 대한 의심이 가시지는 않은 뒷모습이었다.

난 환장할 것 같았다. 난 아이가 온 시간대를 기억해내며 CCTV를 돌려보았다. 아이 엄마가 또 올 것을 대비하기 위해서였다. 그 장면 찾아내려고 2시간 이상을 컴퓨터 화면에 매달렸다. 난 아이가 친구랑 함께 있는 모습과 내게 물건을 주고 내가 잔돈을 건네주는 장면을 찾아내 컴퓨터에 저장했다. 아이의 엄마는 다시 오지 않았는데, 생각해보니 그 일이 있기 전에 아이의 아빠도 왔던 기억이 떠올랐다. 아이 아빠는 아이가 샀던 완구를 내게 들어 보이며 이거 얼마짜리냐고 따져 물었다. 전후사정은 모르겠지만 나를 의심한 게 아니라면 그토록 험한 표정으로 물어보지 않았을 거라는 생각이 퍼뜩 들었다. 그날 난 온종일 불쾌한 심정을 가누지 못했다. 그들은 증거도 없이 왜 나를 의심부터 하고 본 것일까. 만만하게 생겨먹어서(?) 속이기 딱 좋겠다는 말만 듣고 살아온 나인데 말이다.

내 가게가 있는 동네는 나이가 드신 분들이 다른 동네보다 많이 사신다. 오래된 주거지역이고, 공기가 맑고, 시내가 가깝다. 그분들이 문구점을 이용한다면 주로 수첩, 볼펜, 형광펜을 사거나 복사를 하기 위해서다. 젊었을 적부터 적는 습관을 여전히 간직하고 있고, 책이나 성경을 읽을 때 중요한 부분을 형광펜으로 표시하고, 좋은 글귀나 모임명부를 복사하러 오신다. 아니면 손자, 손녀와 함께 아이들이 좋아하는 완구나 팬시용품을 사러 들른다. 어떤 어른들은 '나도 저렇게 늙어야 할 텐데' 하고 부러움을 느낄 만큼 곱고 품위가 있다. 인자한 미소, 차분하고 다정한 말투, 손자들에게 쩨쩨하단 소리 안 들어도 될 만한 두께의 지갑. 젊은 시절 잘 사셨다는 의미도 되겠다. 그런 분들치고 우리 같은 사람을 자영업 한다고 무시하는 법이 없다. 자식이나 조카뻘 되는 사람에게 꼬박꼬박 존대까지 해 주니 존경심이 절로 우러난다.

반면 그렇지 않은 어른도 꽤 있다면 이 동네만 그런 것일까. 초면에도 시종일관 반말 투인 어른, 들어올 때나 나갈 때나 인사를 받는 법이 없는 어른, 복사하거나 팩스를 보내면서 나를 마치 부하직원 다루듯 하는 어른, 가게주인이 본인 말을 이해하지 못한다고 짜증까지 내는 어른….

하루는 어떤 어른이 수정 펜을 가리키며 내게 물었다.

"이거 얼마야?"

서로 알고 지내는 사이도 아니고, 생면부지인 손님이 내게 반말을 하고, 함부로 대하는 상황들을 더 이상 좌시하면 안 되겠다는 결심을 하던 차에 벌어진 일이었다.

　난 어른께 정중히 말했다.

　"손님, 반말은 삼가주시죠."

　어른은 눈을 동그랗게 뜨며 나를 보았다. 이런 대우 처음이야 하는 표정이었다.

　난 개의치 않고 말했다.

　"저도 쉰 중반입니다."

　난 건방지게 보일까봐 나이를 먹을 만큼 먹었다는 말까지는 아꼈다.

　이 손님은 물건을 샀을까 말았을까? 당연히 사지 않고 그냥 나갔다. 아주 불쾌하다는 인상을 풍기면서.

　나도 그렇게 말하고 나면 속이 후련할 줄 알았다. 헌데 내내 찝찝했다. 그냥 참을 걸, 그깟 자존심이 무슨 대수라고. 그 손님은 다른 사람들에게 이렇게 말할지도 모른다.

　"저 문구점 절대 가지마. 주인이 아주 싸가지가 없어."

　나로선 정당한 항변인데도 때론 엉뚱한 방향으로도 치닫는 게 세상인심이다.

　그 후로 난 반말을 하는 손님에게 저항하려는 일련의 계획을 완전히 접었다. 반말이건 뭐건, 나보다 나이 많은 사람이

건 적은 사람이건, 나는 장사하는 사람이니 애당초 손님들에게 존중받을 생각일랑 하지 말았어야 하는 것이라고 생각키로 했다. 반말을 하는 손님 중에는 아주 가끔 오기는 해도 적지 않은 금액을 소비하고 가는 사람도 있기 때문에 그깟 체면따위는 집어치우고 실리를 취하기로 한 것이다.

그럼에도 내가 손님 입장이었을 때 어땠는지 돌아보면 억울한 심정이 든다. 난 잘 웃는 편은 아니었어도 냉담한 얼굴로 동네마트나 반찬가게를 이용했던 것 같지는 않다. 가게 종업원이 아무리 어려 보여도 꼬박꼬박 존대하고 나올 때는 먼저 고맙다거나 수고하라는 말을 남겼다. 장사하기 전부터도 그랬던 것 같다.

내가 마트직원에게 딱딱하게 굴 때가 있다면 한 가지 이유 때문이다. 종업원이 함부로 하는 손님에게 불만을 가질 수 있듯, 손님도 불쾌한 행동을 보이는 종업원에겐 마음이 가지 않는 것이다. 장사하는 사람이 되고 보니 그런 것들이 유독 더 눈에 들어온다. 나는 자영업계에 의외로 불친절하고 오만하게 행동하는 상인과 종업원이 많다는 데 놀랐다. 손님이 가게에 들어오면 기본적으로 인사를 해야 함에도 쳐다보고만 있거나 손님이 사려는 물건들을 봉투에 거칠게 집어넣는 등 상식 밖의 행동을 자주 접한다. 종업원들이야 주인의식이 없기 때문에 그런다고 쳐도 가게주인의 불친절한 접객매너는 이해하기 어렵다. 불경기의 여파로 판매가 부진해서 신경이 날카로워진 때문인지 모르겠지만 그런 때일수록 기회가 될 수 있는 것이다.

친절서비스를 생명처럼 여기는 은행에서도 비슷한 경험을 한다. 그들의 친절서비스는 은행 간 경쟁이 치열한 가운데 고객유치와 유지를 위해서라는 걸 잘 알면서도 친절 앞에서는 누구나 기분이 좋아지기 마련이다. 하지만 은행도 손님을 가린다는 걸 나는 알았다. 나처럼 거래규모가 미미한 상인들은 그들이 보기에 손님이 아닌지도 모르겠다. 나는 장사 때문에 은행에 들러 지폐를 동전으로 교환하는 일이 잦은데 마음 편하게 이용할 만한 곳이 거의 없다는 사실에 또 한 번 놀랐다. 동전을 교환하러 왔다고 하면 창구 직원들의 태도가 180도 달라지는 것이다. 어떤 직원은 호전적인 눈빛으로 바라보기도 하고, 어떤 직원은 동전만 툭 내민다.

대출을 담당하는 직원들의 태도도 다를 바가 없다. 돈을 빌리는 입장이라 대출 손님들은 대개 위축되어 있기 마련인데 대출 직원들의 딱딱하고 무시하는 듯한 태도는 그렇잖아도 심난한 손님의 마음을 더욱 오그라들게 만든다. 그렇게 불쾌한 경험을 할 때마다 내가 일개 장사치라고 해서, 혹은 돈을 빌리는 사람이라고 해서 은행에서조차 무시를 하는가 하는 생각을 떨쳐버릴 수가 없다.

그런 자잘한 행동들이 모여 매출에 영향을 준다는 사실을 그들은 알고 있을까. 만약 근처에 똑같은 물건이나 엇비슷한 서비스를 제공하는 경쟁 점포가 있다면 사람들의 점포 이용 기준은 오로지 친절도이다. 기왕이라면 형식적인 친절함보다 진심에서 우러난 친절함이라면 분명히 매출에 좋은 영향을 미칠 거라고 나는 확신한다.

내 문구점 주변에는 작은 학원이 몇 개 있다. 개업을 하고 한 달 후부터 초등, 중등 참고서를 취급했는데 그런 사실을 알리고자 주변 학원을 방문했다. 서점 선배들은 꼭 그럴 필요까지 없다고 말했지만 아무것도 모르는 나로서는 홍보를 염두에 두지 않을 수 없었다. 다행히 대부분의 학원은 나에게 우호적이었고 참고하겠노라고 말했다.

동네서점과 동네학원과의 좋은 관계라는 건 별게 아니다. 작은 규모의 동네서점들은 책을 많이 가져다 놓을 수 없기 때문에 학원에서 향후 필요한 교재를 미리 서점에 알려주면, 서점은 아이들이 책을 적기에 구입할 수 있도록 차질 없이 준비해 두면 된다. 책은 학생들이 와서 개별적으로 구입을 하는데 어떤 학생은 인터넷으로 사기도 하고 부모에게 부탁해서 큰 서점에서 사기도 해서 주문을 한다 해도 통상 몇 권씩은 남는다. 학원도 학생들이 책을 제때 가져오는 게 중요하기 때문에 어떻게 보면 서점과 학원은 상생하는 관계라고 봐도 되겠다.

그런 이유로 선배들이 굳이 학원에 인사를 하러 가지 않아도 된다고 말했던 것 같다. 그럼에도 나는 문자나 전화로 책을 주문해 주는 학원에 늘 고마운 마음을 갖고 있다.

그런데 한 학원의 한 과목에서 유쾌하지 못한 일이 발생했다. 새로 부임한 교사 한 분이 내게 전화를 걸어 교재를 언급하며 지금 서점에 열 권 이상의 재고가 있는지를 물었다. 그녀의 말투는 매우 고압적이었다. 책을 구매해 주는 나는 갑이고 팔아야 하는 당신은 을이라는 느낌이 팍팍 꽂혔다. 나는 불쾌감을 감추고 그렇게 많은 재고는 없으니 주문해 주시면 다음 날 아침까지 이상 없이 준비하겠다고 말했다.

그녀는 무슨 서점이 책도 충분하게 구비하지 않느냐는 식으로 상사가 부하 직원에게 훈계하듯 따져 물었다. 그런 경우는 그때까지 한 번도 없어서 (지금까지도 없다.) 나는 가슴이 꽉 막힌 느낌이었다. 나는 우리처럼 작은 서점은 수요가 많지 않아 교재 별로 많아야 서너 권밖에 준비하지 않는다면서 도서 총판에서 많이 주지도 않는다고 알아듣게 설명했다. 그녀는 내 말을 자르며 내일까지 준비할 책의 수량을 말하고는 일방적으로 전화를 끊었다.

그 후로 그녀는 내게 책 주문을 일체 하지 않고 있는데, 나도 그때의 불쾌한 마음이 지금껏 가시지 않고 있다. 들리는 말로는 학생들에게 직접 책을 지급한다고 하는데 아마 어딘가에서 손수 구입을 하는 모양이다. 학원에서는 책을 팔지 못하도록 금지하고 있음에도 어떤 절차를 거쳐 학생들에게 주는 것인지 모르겠다. 학원은 가르치는 곳이고 서점은 책을 파는 곳인데, 각자의 영역에서 최선을 다하는 게 아름다운 모습이 아닐까.

구매자와 판매자는 대등하다. 여태 그렇지 못했다면 그렇게 가는 게 맞다. 잘 모르는 사람에게 당하는 모욕은 한 사람의 자존감을 뒤흔든다. 물건을 파는 사람이라고 해서 다를 게 없다. 손님은 대가를 지불하고 그만큼의 효용을 구입한다. 상인은 손님이 물건을 기분 좋게 구입할 수 있도록 최선을 다해야 한다. 그러면 되는 것이다. 만약 어떤 가게 주인이나 종업원에게 불만이 있다면 차후 발길을 끊어버리면 된다. 그게 상인의 부당한 행동에 대해 손님이 취할 가장 큰 스트라이크이자 권리이다. 더 이상 상인을 인간적으로 무시하지 않았으면 좋겠다.

# 꼭 깎아야 하겠습니까?

내가 물건을 구입하기 위해 외출하는 동안, 쉬는 날이었던 아내가 잠깐 가게를 봐 줄 때의 일이다. 60대로 보이는 여자 손님이 수첩과 볼펜을 사러 왔는데 전부 합해 2300원이었던 모양이다. 손님이 아내에게 말하기를 300원은 떼어버리자는 것이다. 아내가 가만히 있자 못 알아들었다고 생각했는지 손님이 다시 말했다.

"2천 원만 받아도 되겠네."

말투가 몹시 거슬렸지만 아내는 참았다. 하지만 300원을 깎자는 데는 가만히 있을 수가 없어서 이렇게 말했다고 한다.

"손님, 2300원이 아니고 23000원이라고 생각해 보세요. 3000원을 깎아준 셈인데 저흰 뭐가 남겠어요. 그건 좀 어렵겠네요. 죄송합니다."

아내로선 손님이 오해하지 않도록 최대한 자제하고 정중

하게 말했다.

손님의 언성이 거칠어졌다.

"아니 그깟 300원 가지고 비유도 엄청나네."

여자 손님은 기분 나쁘다는 인상을 노골적으로 풍기며 천 원짜리 세 장을 아내에게 홱하니 내밀었고 아내는 거스름돈을 내 주며 말했다.

"많이 사 주시면 깎아드리기도 하니까 다음번에 오시면 잘 해드릴게요."

그녀는 그런 아내를 거들떠도 안 보고 출입문을 거칠게 열며 말했다.

"됐소!"

아내는 너무 기가 막혀 여자가 나가는 모습을 망연자실 지켜보았는데 고급 외제승용차를 몰고 가더라는 것이다. 그게 더 황당해서 한동안 아내의 말문이 막혔다. 평소 잘못된 것은 참지 못하고 주관 있게 대처하던 아내는 그날 꽤 깊은 상처를 받았는지 잠자리에 들어서도 연신 끙끙거렸다. 선잠으로 들썩이던 아내가 곯아떨어지기 직전 혼잣말을 하는 게 들렸다.

"아무리 우습게 보인다고 그런 무경우가 어디 있어…. 한 마디 해 줄걸 그랬어…."

가끔 수첩을 사러오는 손님이 있다. 연배는 나보다 많아 보였다. 이 손님은 3000원~4000원대 수첩을 구입하곤 했는데 변함없이 같은 가격인데도 살 때마다 왜 이렇게 비싸냐, 언제 올랐냐, 조금만 깎자며 생떼를 쓴다. 장사 막 시작한 시점에는 이래도 되는 건가 의구심이 있었으나 계산속 없이 300원 500원을 되는 대로 깎아주었다. 6개월 정도 지나자 나 같은 규모의 소매장사는 100원 단위 마진으로 살아가는 것임을 알게 되었다. 그게 한푼 두푼 쌓여 전기세, 수도세도 내고 비싼 임대료도 낸다는 걸 알게 되었다. 어느 날 난 또 깎아달라는 그 손님에게 준비된 말을 했다.

"손님, 저희 같은 영세상인에게 이러시면 안 됩니다. 그래도 깎아달라시면 물건 값의 3%까지만 깎아드릴게요. 그 이상은 힘듭니다."

손님은 말없이 내가 어떻게 하는지만 지켜보았다. 난 계산기를 두들겼다. 3500원짜리 수첩이었는데 3% 때리니 105원이었다. 난 말했다.

"105원인데 애매하네요. 150원 깎아 드릴게요."

나로선 선심을 쓴 셈이다. 눈이 휘둥그레진 손님이 말했다.

"아니, 전엔 2천 원짜리도 300원 깎아줬잖아. 장난치는 것도 아니고."

"손님, 큰 금액이라고 생각해보세요. 3%가 적은 게 아닙니다."

난 이젠 전처럼은 못해드린다고 단호히 말했다.

그는 자신이 참으로 부당한 대우를 받고 있다는 표정을 지어보였다. 그 모습을 보고 있자니 미칠 것 같았다. 장사하는 입장이라 그런 내색도 못 하자니 억울함이 끓어올랐다. 그가 말했다.

"이전 사장은 안 그랬어. 인심이 좋았지."

그 대목에서 난 꼭지가 돌고 말았다. 난 왼손을 들어 동네 아래쪽을 가리키며 말했다.

"저 아래에도 문구점이 한 군데 있지요. 거기는 잘 깎아줄지도 모르겠네요."

앞으론 거기를 이용하라는 말이었다. 그런 손님은 두 번 다시 상대하고 싶지 않았다. 그런 일이 있고나서 그 손님은 한동안 발길을 끊었다. 그러던 그가 최근에 다시 내 가게를 찾고 있다. 그 이유가 대충 짐작은 가지만 난 모른 척하고 손님을 맞았다.

아이들 참고서 가격이 만만치 않다. 웬만한 두께면 15,000원 이상이다. 자습서는 2만 원 이상도 제법 된다. 몇 권 사다 보면 3, 4만 원은 훌쩍 넘어간다. 책은 마진이 적지만 판매단위 금액이 적지 않기 때문에 판매량만 꾸준히 받쳐준다면 할 만하다 하겠다. 그런데 엄마들 중에는 참고서를 몇 권 사면 약속이나 한 것처럼 이렇게 말하는 사람들이 있다.

"깎아주실 거죠?"

그리고 윗동네 대형서점의 사례를 든다.

"거긴 10%까지 할인해 주는데…. 인터넷도 그렇고."

여기를 이용해 주는 것만으로도 고마워하라는 의미였다. 이때도 난 3%를 적용했다. 구매금액이 크고 현금이면 5%까지도 해 준다. 물론 요구하는 손님에 한해서다. 눈물이 날 것 같았다. 천 원 마진이 순식간에 날아갔기 때문이다. 이것들을 일 년 동안 고스란히 쌓아놓으면 얼마나 될까? 이런 엄마들은 나 같이 작은 가게들의 속사정을 알기나 할까? 난 억세게 보이는 엄마들이 아이들을 대신해 책을 사러올 때가 제일 겁이 난다.

문구, 완구도 마찬가지다. 작은 문구점에도 어쩌다 한 번씩 큰 손님이 온다. 아이들과 함께 와서 비싼 완구 몇 개씩 집으면 역시 금세 몇 만 원이 된다. 그럴 때마다 손님들 중 꼭 그런 분들이 있다.

"다 받으실 거 아니죠? 마트에서는 더 싼데…."

또 3% 5%를 때린다…. 난 차라리 그들을 고마워하기로 했다. 이분들, 차로 조금만 움직이면 대형마트에 가서 살 수도 있는 것이다. 이 완구가 언젠가는 팔릴지 몰라도 그건 알 수 없는 일이요, 당장 싸게라도 파는 게 남는 거 아닐까 스스로 위안을 삼는다. 대부분 소매상들의 입장이 나와 다르지 않을 것이다.

나는 궁금했다. 왜 어떤 사람들은 영세상인이 운영하는 가게에서 꼭 가격을 깎으려 들까. 시장에는 엄연히 형성된 소비자가격이 있고 우린 정해진 대로 팔고 있을 뿐인데 왜 이런 곳에서는 깎지 않으면 안 된다고 생각하는 걸까. 그들은 우리 같은 영세상인에게 요구하듯이 백화점이나 대기업 마트에서도 물건 값을 깎아달라고 말할까? 정작 나를 더 슬프게 했던 일은 따로 찾아왔다.

몹시 더웠던 날로 기억한다. 저녁이 되자 더위에 지친 동네 주민들이 시원한 바람을 찾아 산책을 많이 나왔다. 보통 때 같으면 따라 나온 아이들이 엄마 아빠를 졸라 비눗방울이나 물총을 사가기도 하는데 그날은 가게 밖만 소란했지 문구점은 조용했다. 손님이 없는 날은 책을 보며 시간을 때우곤 했는데 그날따라 뭐가 그리도 뒤숭숭했는지 나는 가게 밖만 하염없이 바라보고 있었다. 그러다 난 일어섰다. 가게 문을 닫고 집에 가기 위해서였다. 문단속을 하려고 하는데 나이가 나보다 조금 많아 보이는 여자 손님이 들어왔다. 저녁손님이 없어서 기분이 울적했던 난 반갑게 여자를 맞았다. 그녀는 자기 가게에서 쓸 계산기를 찾았다. 말의 내용과 겉모습을 보니 시장상인 같아 보였다. 묘하게도 나는 그녀에게 진한 동병상련의 감정을 느꼈다. 왜냐고? 우리가 같은 자영업자라는 이유 말고 달리 뭐가 있겠는가. 마침내 그녀가 계산기 하나를 골랐고 부착된 가격표를 못 보았는지 내게 가격을 물었다. 난 13,000원이라고 말했다. 그런데 그녀가 이렇게 말했다.

"뭐가 이렇게 비싸. 만 원만 받읍시다."

당황한 내가 난색을 표하자 그녀는 한술 더 떴다.

"나도 다 알아. 만 원만 받아도 되잖아."

난 멍해졌다. 저 말이 무슨 뜻일까. 대관절 뭘 안다는 것일까. 빵빵해 보이는 지갑에서 만 원짜리 한 장을 꺼내 든 그녀가 다른 손으로 계산기를 잡았다. 여차하면 만 원짜리 한 장 던져놓고 바로 튀겠다는 폼이었다. 나도 계산기를 잡았다. 그리고 그녀를 똑바로 쳐다보며 말했다.

"꼭 깎아야겠습니까? 저희들 심정을 잘 알 텐데요."

여자는 완강했다. 너 따위에게 결코 질 수 없다는 굳센 의지가 보였다. 긴장의 끈이 팽팽해졌다. 안 팔 수도 있지만 결국 내가 지고 말았다. 나는 계산기를 놓으며 여자에게 말했다.

"다른 데선 그렇게 하지 마세요."

13,000원짜리 물건을 3천 원이나 깎아줄 수는 없는 법이다. 그런데 난 그렇게 했다. 난 같은 상인인 그녀에게 다른 상인들의 아픔을 말했고 알아들을 귀가 있다면 그녀도 알아들었을 것이다. 그녀가 뭘 파는지는 모르겠다. 다 안다고 하는 것으로 보아 마진을 엄청나게 붙여 파는 것 같기도 하다. 그런 경우라면 어쩌다 한번 가격을 후려쳐도 별 영향이 없을 것

79

이다. 하지만 내가 파는 품목은 다르다. 대형 마트처럼 상시 할인가격으로 판매할 처지도 아니요, 폭리를 취할 수도 없는 정해진 가격으로 팔 뿐이다. 그러므로 영세상인을 대상으로 한 가격 흥정은 그들의 숨통을 더욱 죄는 행위가 아니고 뭐겠는가.

아내와 겪었던 이런 쓸쓸한 경험은 우리 부부의 평소 소신을 더 굳게 만들었다. 상식적으로 판단할 때 폭리가 확실한 경우 말고는 상인들, 특히 영세한 상인들의 물건 값을 깎는 몰상식한 짓은 결코 하지 말자고. 가급적 현금으로 계산하자고. 아마 상인 중에는 손님과 흥정할 걸 감안하여 처음부터 거품을 넣고 보는 사람도 있을 것이다. 하지만 대부분의 상인은 시장에서 합리적으로 형성된 가격으로 판다고 나는 굳게 믿고 있다.

어느 정도 짐작은 한다. 영세상인들의 물건 값을 깎으려 하는 그 심리를 말이다. 가게가 허술하게 보여 책정된 물건 값을 믿지 못하겠다는 사람도 있겠고, 정가가 매겨지지 않았던 시절의 타성도 있겠지만 (책을 제외하고 물건 값을 깎는 계층을 보면 나이 드신 분들이 압도적으로 많다.) 상인들을 무시하고 얕잡아 봤던 그 옛날 관습이 가장 크다고 본다. 반말도 알고 보면 상인이라는 신분을 은근히 무시해서가 아닐까. 그런 것들이 곳곳에서 보인다.

이런 풍토가 쉽게 고쳐질 것 같지는 않다. 오늘도 300원짜리 볼펜 4자루를 사려는 한 어른이 천 원 만 받으라는 걸 간신히 설득했다. 몇 백 원 벌려고 이렇게까지 해야 하나, 언제까지 해야 하나 하는 생각만 하면 피곤함이 절로 몰려온다.

　다수의 영세상인은 '을' 중의 '을'이다. 독과점의 혜택을 누리는 도매점에서는 손님다운 대접도 못 받고, 가게로 돌아오면 까다롭고 인정머리 없는 손님들에게 이리 차이고 저리 차인다. 하지만 진짜 '을' 중의 '을'이라고 느끼게 할 만한 일은 따로 있다.

# 장사해서 건물주 주기

　장사를 시작한 지 2년차가 되던 다음 날 건물주가 찾아오셨다. 연로하시고 몸이 편찮은 분이라 뵐 때마다 안부를 여쭙고 부축해드리곤 했지만 편찮으시다는 이유 때문에 임차인으로서 정당한 권리주장도 쉽지 않았다. 일례로 가게 입구 천장을 보면 콘크리트가 떨어져나가거나 크랙이 있어 큰 비만 오면 빗물이 뚝뚝 떨어진다. 난 영감님께 비가 오면 손님 출입에 지장이 많다며 방수작업을 수차례 요청했다. 그때마다 영감님은 "잘 알겠는데 내 몸이 이래서 말이야, 곧 사람을 불러 조치해 주겠네." 하셨지만 곧 잊어버리셨다. 난 우선 수건 몇 장을 천장에 매달아 물줄기를 다른 쪽으로 돌렸고, 영감님이 조치를 해 주기만을 하염없이 기다릴 뿐이었다.

　그날 내게 오신 건 임대료 때문이었다. 계약하고 1년이 지나면 더 올려주기로 했는데 왜 작년 임대료로 입금했냐는 말씀이셨다. 나는 전부터 이에 대한 사정 말씀을 드릴 기회를 엿보았는데 뵙기 어려워 그랬다고 지금 말씀드려도 되겠냐고 여쭈었다. 일순간 영감님의 얼굴이 굳어졌다. 나는 말했다.

"어르신, 이전 주인이 장담했던 것보다 장사가 안 됩니다. 부지런히 뛰고는 있습니다만 임대료 올리는 거 1년만 유예해 주시면 안 될까요. 아니면 6개월이라도요."

힘겹게 문을 붙잡고 선 영감님의 눈에서 불똥이 튀었다. 어르신은 나를 뚫어지게 바라보며 칼로 쳐내듯 말했다.

"그럼 나가야지!"

약속을 못 지키면 당장 가게를 비우라는 말씀이셨다. 영감님의 경직된 얼굴과 카랑카랑한 목소리에 나는 적잖이 당황했다. 난색을 보이리라 짐작은 했지만 그렇게 야멸차게 말씀하리라곤 생각지 못했다. 평소 절뚝거리며 다니시던 모습을 나는 매우 안타까워했고 병원에 갔다 돌아오실 적마다 부축해드리면 아이 같이 해맑은 미소를 지으셨던 모습만 난 기억하고 있었다.

나는 더 사정하지 않았다. 영감님의 의지가 확고부동했기 때문이다. 더구나 난 아버지 같은 어른과 싸우고 싶지 않았다. 난 장사하는 사람으로서 확실히 근성이 부족했다. 인정한다.

술자리에서 지인에게 이런 사연을 푸념하듯 들려주었더니 그가 충고하길 앞으론 어른께 명절 때 인사도 드리고 평소 가깝게 지내라는 조언을 하는 것이다. 잔정이 있는 분이라면 차후에는 감안하지 않겠냐는 뜻이었다. 사람 옆에 붙어 알랑거리는 행동과는 태생적으로 거리가 먼 나는 술기운을 빌어 그렇게 하겠다고 말했다. 하지만 생각해보니 아픈 노인에게 어떻게 해야 가깝고 살갑게 대하는 것인지 그것도 난감한 노릇이었다. 장사하는 사람이 어르신이 지나가시는지 온종일 바깥만 쳐다 보고 있을 수도 없고, 영감님을 보면 얼른 튀어나가 부축해드리고 병원은 잘 다녀오셨냐는 등 평소대로 행동하는 것 말고 또 뭐가 있겠냐 말이다. 그런 거 말고 매일 찾아뵙고 '사랑은 아무나 하나~' 노래를 불러드리면서 어리광을 피워야 한다면 그건 내 능력 밖의 일이다. 대신 나는 지인의 충고대로 명절 때마다 과일 한 상자 짊어지고 영감님을 찾아뵈었고 그때마다 손사래는 치셨지만 그분이 좋아하시는 걸로 봐서 참 잘했다 싶었다.

그런 일이 있고 일 년 후 어느 날 영감님께서 다시 날 찾아왔다. 영감님은 중요한 일이 아니면 내 가게를 좀처럼 방문하지 않기 때문에 난 쇼크를 맞은 사람처럼 벌떡 일어났다. 그날은 임대차 2년 계약갱신을 한 달 가량 남겨두고 있어서 예감이 좋지 않았다. 영감님은 내가 앉아 있던 의자에 앉으며 힘에 부치셨는지 간격을 두고 말했다.

"이보게…, 임대료는 그대로 두겠네. 대신 보증금을 좀 올려야 겠어. 없어지는 돈도 아니고… 요즘 장사하는 사람들 어렵다고 하니 그렇게 하세.”

영감님은 다들 어렵다는 말을 강조하며 임대료 인상을 일방적으로 통보했다. 난 멍청하게 어른의 입만 바라보았다. 입안에서는 해야 할 말들이 맴돌았다.

'어르신, 이번엔 그냥 넘어가면 안 될까요? 요즘 자영업 어려운줄 아신다면서 계약만료일이 되었다고 또 올리십니까? 그게 임대료건 보증금이건 저에겐 별 차이가 없습니다.'

건물주의 권력남용과 없는 자의 서러움까지 겹쳐 흥분을 가라앉히지 못한 난 이렇게까지 읊조렸다.

'제가 먹고사는 건 둘째 치고 이 장사 꼭 건물주한테 임대료 주려고 하는 것 같아요. 어르신, 돈 많으신 분이잖아요. 이게 옳은 겁니까?'

실제로 나는 아무 말도 못했다. 앞의 예처럼 직접 찾아와 말씀하실 때는 결심을 굳힌 상태일 텐데 말한다고 무슨 소용이 있겠는가. 아니 나는 겁이 났다. 아마 저런 식으로 말했다면 싸움이 났을 테고, 금전 문제만큼은 완고하다고 소문난 그분이 어떻게든 구실을 찾아 나가라고 할 텐데 내게는 아무런 대책이 없었다. 3년간 좌충우돌 하는 동안 가게를 채우고 있는 저 많은 문구들은 또 어떻게 처분한단 말인가. 나는 '을'이란 처지에 눌려서 방수공사는 언제 해 주실 거냐는 세입자로서의 당연한 권리조차 주장하지 못했다. 당장 보증금을 구할 방도부터 찾아야 했다.

나중에 알았는데 이전 주인이 문구점을 접게 된 계기도 임대료 때문이었다. 갑작스럽게 보증금을 줄이고 월세를 대폭 올려 받겠다는데 곧바로 수용할 세입자가 어디 있겠는가. 세입자 입장에서는 장사가 예전만 못하니 차근차근 올리면 안 되겠냐고 영감님께 통사정을 했을 테고 그런 대화 과정이 꼬이다 급기야 감정싸움으로 번져 이 짓도 못해먹겠다고 정리하게 되었을 것이다.

사실 임대료 분쟁이 발생될 당시, 이전 주인도 문구점을 계속할까 말까를 고민했을 거라고 나는 추정한다. 한때 문구점은 웬만한 월급쟁이는 저리 가라 할 만큼 호황기를 누렸다. 작은 문구점도 직원을 둬야 할 정도로 정신없이 바빴던 시기, 그때는 대기업 마트나 할인점도 없었고, 인터넷도 없었고, 학교 준비물도 문구점이 아니면 구입할 곳이 없었다. 가게는 월세보다는 보증금이 우위였던 때라 부지런히 뛰고 알뜰하게 저축하면 자식들 거뜬히 키우고도 여생을 대비할 수 있었다고 한다. 지금처럼 부동산 거품이 과하지 않은 때여서 잘되는 지역은 한 10년 고생하면 건물을 살 정도였다는데 그달 그달 살아가는 나로서는 도무지 상상이 안 간다.

그러던 게 대기업이 약자들의 터전인 골목상권으로 침투

해 들어오고, 막강한 자금과 구매력을 갖춘 프랜차이즈 할인점들이 주요 상권 곳곳을 점령하고, 학교준비물마저 인터넷을 통한 경쟁 입찰로 전환되면서 동네문구점들은 박살이 난 것이다.

호황기의 혜택을 톡톡히 본 이전 주인은 문구업의 쇠락을 피부로 느끼며 두 번 다시 과거의 영화는 찾아오지 않을 거라 판단하고 마음의 준비를 하고 있었을 것이다. 그러던 차에 임대료 문제가 그의 결심을 앞당기게 된 거라고 나는 추정한다. 그리고 뾰쪽한 수가 없었던 내가 거기에 낚인 거였다.

자영업자들이 장사를 접는 이유 중 상당수는 과다한 임대료 부담 때문임을 임대인들은 알고 있을까. 정말이지 '갑'이라는 우월적 지위를 남용한 임대인의 횡포를 줄일 방법은 아예 없는 걸까. 임대인 임차인 모두 납득할 수 있는 중간 지점을 보장할 법 제정이 그렇게 어려울까. 공정하게 법을 제정하고 개정할 의무가 있는 자들은 대관절 뭘 하고 있을까?

자영업자들의 요구는 사회적 약자라는 이유로 특혜를 달라는 게 아니다. 임대인은 사회적 강자니까 좀 희생해 주십사 요청하는 것도 아니다. 우리는 상식을 말하고 있을 따름이다. 상식선에서 계약을 하고, 상식선에서 임대료를 조정하고, 꼭 가게를 비워야 한다면 그동안 투자했던 비용과 노력이 있었으니 상식선에서 대책을 마련해달라는 그야말로 상식적인 요구일 뿐이다.

예컨대 장사가 갑자기 잘되는 지역이 되었다면 그렇지 못한 다른 지역보다 임대료가 더 높이 조정될 수 있다는 걸 상식 있는 자영업자라면 감안할 것이다. 그런데 제3자가 봐도 횡포라고 여겨질 만큼의 과도한 임대료 상승은 누구라도 수용하기 어렵지 않느냐는 것이다. 고생한 만큼 자영업자에게 과실이 더 돌아가는 데 대해 뿌듯해 하는 임대인을 보고 싶다.

낙후된 동네가 지자체의 지원으로 그 지역에 어울리는 명소로 탈바꿈하여 시민들이 많이 찾는 공간이 되면 건물주들은 약속이나 한 듯 보증금과 월세를 올린다. 임대료가 중심지역보다 상대적으로 싸면서 문화적 지역적 특징이 있는 곳에서 특별한 철학과 신념을 가진 사람들이 자영업을 시작하고, 점차 그런 사람들이 모이고, 자연스럽게 명소가 되어 뜸했던 사람들의 발길이 활발해지면 건물주들은 어김없이 보증금과 월세를 올린다.

젠트리피케이션gentrification. 이런 식으로 치솟은 임대료와 보증금을 감당하지 못해 지역 활성화에 일등공신이었던 자영업자들과 기존 주민들이 다른 지역으로 떠나는 현상을 일컫는다. 서울 가로수길, 경리단길, 서촌 지역을 사람들은 그 예로 든다. 그들이 떠난 자리를 대신해 입점 능력이 되는 대형 프랜차이즈 위주의 상가들이 무차별 들어서고 있다고 하니 해도 너무하다는 생각이 든다. 누구 때문에 지역이 활성화되었는가. 문화예술인들과 자영업자들이 의기투합하여 지역의 가치가 올라가고 건물의 자산 가치를 상승시킨 공을 인정한다면 월세를 올려도 상식선에서 올려야 하고, 나머지 이익을 자영업자에게 돌리는 게 합당한 처사가 아닌가. 그래야 자영업자도 먹고사는 보람을 가질 텐데 건물주들의 횡포는 권리금 가로채기까지 미치고 있다 하니 이건 공인된 폭력이고 약탈이다. 이런 불합리함과 없는 자들의 억울한 심정을 알면서도 그것을 시정할 수 있는 권한을 부여받은 사람들이 책임을 태만히 하고 형식적인 수준에서만 대안을 마련하고 있다면 대한민국은 확실히 정의로운 나라가 아니다.

젠트리피케이션 이후, 그 지역만의 멋과 본래의 취지를 잃어버린 곳들은 그렇다면 잘되고 있을까? 어떤 지역은 획일적이고 특징 없는 거리로 변질된 데 실망한 나머지 사람들 발길이 끊겨 영업이 다시 어려워지고 있다고 한다. 당장의 이익 추구는 사회적 비용을 키우고 부자를 증오하게 만들고 결국 모두를 패자로 만든다는 증거를 여실히 보여주고 있다. 이게 지자체의 도시재생사업이 소상인에게는 마냥 반갑지 않은 이유이다.

왜 우리 사회는 전후좌우의 균형을 맞추지 못할까. 왜 행정당국은 제도를 시행하기 전에 파생될 여파를 섬세하게 파악하고 미리 대응하지 않는 것일까.

나는 가게 인테리어를 하지 않았다. 기존의 집기 비품을 최대한 활용했고 필요한 진열대만 구입했다. 엉성하지만 직접 닦고 손수 칠했다. 자금력도 안 되지만 투자비용을 그대로 날릴까봐 두려워서다. 한 가지 이유 때문이다. 돈 들여서 멋지게 꾸며놓았는데 집주인이 자기가 하겠다며 원상복구하고 나가라고 할까봐서다. 장사도 안 되는 상황에서 계약 갱신할 때마다 월세를 올려대면 나도 기어코 할 말은 할 텐데, 그게 빌미가 되어 나가라고 할까봐서다.

인테리어를 꼭 해야 겠다면 다음 사항을 반드시 체크하라는 말도 돈다. 건물주 자녀가 경제적으로 혹은 직장에서 위태로운 상황인지 아닌지를 말이다. 제3자가 들으면 우스갯소리지만 자영업자에겐 뼈아픈 진실이다.

영세 상인들의 삶을 보호해 주지 못하는 나라에서 살아갈 수밖에 없다면 되도록 모험을 하지 말자는 게 내 지론이다. 이런 상황에서는 어떻게 될지 알 수 없기 때문에 좋은 기회가 와도 뿌리쳐야 한다. 어떤 가게 주인에겐 그야말로 벤처 마인드와 남다른 비전이 있을 텐데 불확실한 미래를 두려워하며 현상유지에만 매달려야 한다면 얼마나 안타까운가.

"죽어라고 벌어서 우리도 건물 한 채 꼭 장만합시다."

부끄럽게도 요즘 아내와 내가 나누는 대화이다. 하지만 우리 부부만 그럴까. 아마 세입자로서의 설움을 경험한 자영업자들의 가장 실질적이고도 간절한 소망일 것이다. 내 건물을 갖고야 말겠다는 헛된 다짐을 하지 않아도 되는 환경에서 걱정 없이 살고 싶은데, 우리에게 그런 날이 올까 싶다.

# 당신들이 있어 버팁니다

학교가 끝나면 종종 가게를 찾아오는 소녀가 있다. 아이는 항상 웃는 낯이다. 무거워 보이는 가방, 가냘픈 어깨. 지쳐 보이지만 신발주머니는 야물게 쥐고 있다. 소녀는 매장을 한 바퀴 돌며 진열된 물건들을 쭉 훑어본다. 그러다 마음 가는 게 보이면 살며시 집어 살핀 후 제자리에 반듯하게 둔다. 살 물건을 결정하는 데 아이는 3분을 넘긴 적이 없다. 계산을 할 때도 다소곳하다. 두 손으로 주고 두 손으로 받는다. 나갈 때는 단정하게 인사를 한다.

소녀는 엄마하고도 자주 온다. 엄마도 밝고 웃는 낯이다. 엄마는 딸이 물건 고르는 걸 옆에서 자상하게 돕는다. 하지만 결정은 딸이 하게 내버려둔다. 모녀가 함께 왔을 때도 살 물건을 고르는 데 3분을 넘기지 않는다. 모녀가 함께 오는 날은 전체 금액이 보통은 만 원, 어떤 때는 3만 원을 넘기기도 한다.

엄마는 개의치 않고 거의 현금으로 계산한다.

사람은 감정의 동물임에 틀림없다. 이성은 감정을 감추기 위한 도구에 지나지 않는다고 누가 그랬던가. 내가 그렇다는 거다. 난 착하고 손이 큰 이 모녀를 내가 잘 모셔야 할 우량고객의 최상층에 두지 않을 수가 없다.

그 소녀가 한번은 친구들과 함께 왔다. 함께 오긴 했는데 어색하다. 한 아이가 다른 친구에게 문구를 사 주면서도 소녀는 따돌린다. 소녀가 손에 쥔 물건을 아이에게 보이며 '나도…' 했는데 아이가 냉정하게 자른 것이다.

"네 걸 내가 왜 사 줘야 되는데. 네 건 네가 사."

소녀는 어쩔 줄 몰라 했다. 소녀는 친구들과 함께 왔다기보다 어울리고 싶어서 따라온 것 같았다. 무슨 사연이 있는지 모르겠지만 그런 모습을 보니 내가 다 열불이 났다. 소녀의 친구들은 문구점에 자주 오는 아이들도 아니었다. 역시 난 감정의 동물임을 감추지 못하고 친구들과 함께 나가는 소녀를 붙잡았다. 소녀가 사달라는 건 그렇게 비싸지도 않아서 난 이렇게 말했다.

"얘야, 필요하면 갖고 가. 아저씨가 그냥 줄게."

세상에 거저 주는 공짜란 없다는 사실을 금방 깨우친 것일까. 웃는 낯의 소녀가 급히 나가며 말했다.

"전 괜찮아요, 아저씨."

혼자 오는 소년이 있다. 아이는 인사부터 하며 들어온다. 이 소년도 활기차고 밝다. 소년은 소녀보다 신중하다. 신속하게 고르지 않는다. 그래도 5분을 넘기진 않는다. 손길이 고와서 물건들을 가만히 살펴보는 데 그친다. 소년은 가격을 자주 묻는다. 가격표가 붙어 있는데도 잘 안 보이는 모양이다. 아이는 딱히 살 게 없으면 안 그래도 되는데 200원짜리 사탕이라도 사간다. 소년도 소녀처럼 물건 값을 치를 때면 꼭 두 손으로 주고 두 손으로 받는다. 흐뭇하다.

그러고 보면 난 고리타분한 사람이다. 그게 뭐 대단한 거라고 지금도 난 예의범절을 사람 됨됨이의 중요한 하나로 평가한다. 그런 기준을 갖고 있는 내게 난 불만이 없다. 지금은 충분히 단련되었지만 그런 이유들 때문에 무례한 거래처 사람들로부터 마음의 상처를 받았던 것 같다.

소년의 엄마도 가끔 문구점을 이용한다. 소년과 함께 오기도 하고 혼자 오기도 한다. 대부분 내구성이 좋은 문구 위주로 사간다. 내구성 있고 믿을 만한 품목은 일반적으로 비싸다. 소년의 엄마도 거의 현금으로 계산한다. 만 원 이상 금액인데도 카드로 결제할 때는 미안한 마음을 보인다. 그녀가 오면 누가 손님이고 가게주인인지 분간이 안 간다. 내가 허리가 아팠을 때는 기운 차리라며 홍삼캔디 한 봉을 놓고 가기도 했다. 홍삼

캔디를 좋아하지는 않지만 눈물이 날 뻔 했다.

　세 모녀가 있다. 한눈에 보기에도 착한 아이들이고 착한 엄마다. 엄마와 아이들은 조금만 움직이면 할인점이 있고 대형마트가 있는데 고맙게도 내 가게를 전폭적으로 이용해 준다. 확증은 없지만 사가는 문구 품목과 구매 주기를 보면 알 수 있다. 세 모녀는 뭘 살지 미리 결정하고 오는 것 같다. 이 팀은 물건을 바구니에 담는 데 1분도 안 걸린다. 부득이하게 문구점에 와서 결정해야 하는 경우에도 속전속결이다. 일반적으로 소매상들은 쇼핑시간이 짧은 손님을 좋아한다는 사실을 알고 그런 것 같지는 않고, 원래 스타일로 보인다. 그런 쇼핑 스타일은 어디서나 환영받는다. 그렇게 신속하게 물건을 골랐는데도 모녀의 손길이 지나간 진열대는 평온하기만 하다.

　영업시간을 9시 30분에서 10시 30분까지 연장했던 적이 있다. 갈수록 판매가 저조해 한 달간만 연장근무를 해보고 더할지 말지 결정할 계획이었다. 그날은 아마 10시쯤 세 모녀가 왔을 것이다. 딸들의 엄마가 말했다.

　"아직까지 일하세요?"

　난 머리를 긁적이며 말했다.

　"늦게까지 해야 될 것 같아서요."

　눈치 빠른 아이들의 엄마는 더 묻지 않고 고생한다며 방울토마토를 한 움큼 봉지에 담아 주었다. 내가 미안해 하자 그녀가 말했다.

"자주 깎아주시잖아요."

또 한 번 울컥.

이 엄마도 현금으로만 결제한다. 현금이 없는 날엔 미안하다는 말을 꼭 한다. 오해가 있을까봐 여기서 잠시. 난 카드결제를 배척하는 사람이 아니다. 내 모든 노고의 결과인 마진의 일부가 카드사 수수료로 빠져나가는 건 눈물 나도록 아깝지만 법으로 정해져 있고 생활로 자리 잡은 걸 어쩌겠는가. 카드결제를 마다한다면 카드 단말기를 카운터 전면에 배치할 이유도 없다. 다만 천 원 2천 원짜리까지도 카드로 결제하는 건 너무하지 않느냐는 의견을 갖고 있을 뿐, 그마저도 불만을 제기하기 어렵다고 생각한다. 하지만 의구심은 남는다. 소비자 입장에서 신용카드 결제는 외상거래인데 신용카드사로 들어가는 카드사용 수수료를 왜 상인이 내줘야 하는가 하는 점이다. 세계적으로 그 어떤 상인도 이에 대해 공식 항의한 바 없어 이런 말을 하는 사람만 바보가 될지도 모르겠지만 정말이지 궁금하다.

현금으로 물건 값을 치르는 손님은 두 부류 중 하나이다. 카드결제는 외상이나 다름없는데 돈이 있는 사람은 굳이 그럴 필요가 없다는 것이고, 또 한 부류는 장사하는 사람의 심정을 십분 헤아려 주는 손님이다. 장사하는 사람 입장에서는 한 푼이라도 남겨주려는 손님의 마음 씀씀이가 고맙지 않을 수 없다. 그럴 때마다 소상인은 고달픔을 잠시나마 잊어본다.

그밖에도 기억이 나는 분들이 꽤 있다. 더운 여름날 시원한 냉커피를 주고 가셨던 아주머니, 술에 불콰해진 얼굴로 빵 한 봉지를 손에 쥐어주던 젊은 아빠, 칫솔 한 통을 놓고 간 어떤 엄마, 아이스크림 녹기 전에 먹으라며 서둘러 카운터에 놓고 나간 남자 손님, 아저씨는 과자를 무지하게 좋아할 것처럼 생겼다며 비스킷 한 팩을 내밀던 덩치 큰 소년, 저도 아까워 죽겠으면서 갖고 있던 사탕을 나눠 준 꼬마아이…. 물론 어떤 엄마들은 자기 아이에게 잘 해달라고 부탁 겸 그랬다는 것을 나는 안다. 그렇더라도 내 멋대로 해석하고 싶지 않다. 목적이 있었더라도 일개 문구점 주인에게 그렇게 하기는 쉽지 않은 것이다.

그러고 보면 나도 축복받은 사람 아닌가. 벌이가 시원찮다고 시도 때도 없이 얼굴이 굳고, 전생에 무슨 죄가 있어 매일 아이들한테 시달려야 하냐며 입이 튀어나와 있고, 도난을 염려하는 소심함에다가, 서비스마인드가 전무한 거래처의 행태에 분노하고, 이 모든 것들을 그냥 뒤로 내던지면 될 일인데 그게 세상사는 거라고, 평탄하게 사는 것보다는 굴곡진 삶이 자신을 고양시키지 않느냐고 마인드컨트롤을 할 수도 있다. 그러면 사는 일이 덜 힘들고 작은 행복이라도 느끼며 살아갈 텐데 말이다.

　많이 남고 안 남고를 떠나 이런 손님들이 있어 가게를 끌어가는 것 같다. 그들이 보내는 무언의 격려와 따뜻함이 있어 오늘도 나는 기운을 낸다.

　영세자영업자로서 우량고객들에게 돌려줄 특별한 혜택이 한정되어 있지만 난 그들에게 조그만 성의라도 표시하려 노력한다. 물건 값을 깎아주거나, 싼 가격이지만 아이들이 가장 많이 사용하는 문구들을 대가없이 준다. 하다못해 사탕 한 개라도 쥐어준다. 다시 방문해달라는 의미는 아니다. 소비자는 냉정하다. 더 싸고 물건 많고 품질 좋은 곳이 있다면 언제라도 그곳으로 간다. 나는 그것을 안다. 나의 성의표시는 그저 고마워서다. 보잘것없지만 일반 손님들과 구분하는 내가 할 수 있는 최선이다. 아무도 간섭할 수 없는 나만의 재량권을 우량고객만을 위해 사용할 수 있어 나는 기쁘다.

# 아저씨가 부러워요

"할 만해?"

볼펜 값을 치르던 아이에게 난 다정하게 물었다. 초등학생 때 보았던 아이는 어느덧 중학생이 되어 있었다. 명랑하고 활기찬 아이였다. 할 만하냐는 말은 공부를 염두에 둔 거였다. 그건 중학교 공부였지만 수능 준비를 지금부터 잘 해야 된다는 물음이나 다름없었다. 무심코 던졌는데 아이의 쳐진 어깨를 보자 괜한 말을 했구나 싶었다.

"아저씨가 부러워요."

아이는 생각지도 못한 말을 내게 했다.

세상에, 나를 부러워하는 사람도 있다니. '너 힘들구나. 그러지 않아도 돼.' 라는 말이 입 밖으로 나오려는 걸 난 참았다. 다만 난 힘내라고만 말했다. 다른 무슨 말을 더 하겠는가. 우리 대화는 거기까지였다.

적은 인원으로 학급을 편성해 주입식보다는 대화식, 원론적인 교육보다는 발표와 체험활동을 위주로 수업을 진행하는 초등학교가 있다. 학습의 질과 효과를 보장하기 위해 최소한의 인원을 뽑기 때문에 해마다 취학 전 학부모들의 관심과 경쟁률이 치열하다. 공개된 장소에서 추첨을 하는데 당락이 엇갈릴 때마다 환호와 탄식이 시종일관 이어진다. 교육의 효과가 있는지는 객관적으로 평가할 부분이므로 여기서 언급하는 건 온당치 않다고 본다. 다만 학부모와 아이들을 구분하지 않고 가족처럼 형제처럼 어울렸던 학교 분위기에서 자랐던 그 아이들이 일반계 중학교에 가면 다른 아이들보다 적응에 더 힘들어 하는 건 분명해 보인다.

그 학교 출신 아이와 내가 나눈 대화다.

"중학교에 올라가니 어때?"

"재미없어요."

"분위기가 달라서 그렇지, 어디든 적응하기 나름 아닐까."

난 하나마나한 조언을 했는데 아이는 다 알아먹었다는 듯 고개를 끄덕였다. 아이의 얼굴빛은 예전에 비해 현저히 어두웠다. 초등학교는 멀리 있지만 집이 근방이어서 가게를 제법 이용해 주었던 이 아이도 무척 밝고 쾌활했었다. 난 또 물었다.

"친구들은 사귀었어?"

아이는 짧게 대답했다.

"이대로가 좋아요."

나는 더 묻지 않았다.

단답형으로 끊어 무심하게 대답한 게 마음에 걸렸는지 아이가 나를 보며 해맑게 웃었다.

"나아지겠죠? 아저씨."

웃는다고 웃는 아이의 모습이 오히려 슬퍼보였다. 무슨 사정인지 묻고 싶었지만 그만두었다. 누구나 혼자 힘으로 넘어야 할 과정이 있다. 그것을 알기에 난 아이를 달래지 않았다. 그날 난 무거워진 마음을 내 속 어딘가에 감춰두었는데 아이가 한 달 후 친구들과 문구점에 들렀다. 노트를 고르는 아이는 친구들과 떠들며 파안대소하였다. 그 모습을 보니 내 속이 다 뚫리는 기분이었다. 너, 잘 지내고 있구나.

문구점은 주로 학교 근처에 있다. 손님의 대부분이 학생들이기 때문에 아이들이 커가는 모습을 누구보다 많이 본다. 같은 아이들을 매일 보는 건 아니라서 어쩌다 한 번씩 오는 아이들은 볼 때마다 쑥쑥 자라 있다. 난 그런 아이들에게 농담이랍시고 한 마디씩 던진다.

"너 누구야, 내가 아는 그 애 맞아? 뭘 먹은 거야. 콩나물?"

어떤 아이는 '아저씨가 무슨 상관인데요.'하는 표정이지만 다수 아이들은 누군가가 관심을 가져주는 것에 큰 불만이 없는 듯하다.

그런 아이들도 중학생만 되면 달라진다. 웃음이 잦아들고, 활력이 떨어진다. 그게 뭔지 왜 그런 것인지 설명하기가 참 복잡하다.

놀이터에서 혹은 운동장에서 밤늦도록 친구들과 뛰어놀던 추억을 어른들은 갖고 있다. 엄마에게 야단맞고 아빠에게 매를 맞아도 잘못했다고 빌면 그때뿐, 친구들과 구슬치기하고 딱지치기하고 비석치기 하는 게 너무 재미있어서 비맞아가며, 흙을 묻혀가며 정신없이 놀았더랬다. 그런 이야기들이 이제는 전설이 되었다지만 아직도 초등학생 시절이라면 여전히 아이들만의 놀이문화가 있고 재기발랄한 호기심이 있고 천진난만함이 살아 있다고 나는 믿는다.

소심하기 짝이 없는 문방구 아저씨는 아이들이 떼를 지어 몰려올 때 가장 긴장하고 신경을 곤두세우지만 아이들은 아이들답게 떠들고 환호성을 지르고 남는 힘을 어쩔 줄 몰라 해야 아이다운 것이다. 그런 아이들이 초등학교만 졸업하면 급격히 변한다. 중학생이 되었으니 어엿하게 굴고 싶기도 하고, 반항기인 사춘기를 누구나 겪게 되고, 그에 따라 선생님들의 훈육은 점차 준엄해진다. 어른들도 그런 시절을 겪었고 아이들의 갑작스런 변화는 그래서 이해한다.

하지만 과거와 다른 게 있다. 그건 아이들에게 가해지는 압박감이다. 이제 중학생일 뿐인데 매일 11시가 넘어야 공부가 끝나는 이 무지막지한 압박감은 입시와 연결되어 있고 대학 진학과 연결되어 있고 아직 머나 먼 취업까지 닿아 있다. 그것 말고 아이들이 이토록 세파에 시달려야 할 다른 이유를 나는 모르겠다. 거친 세상과 상대할 맷집도 갖추지 못한 아이들에게 소양교육 따위는 집어치우고 거센 소용돌이에서 살아남을 방책 마련에 모든 걸 걸어야 한다고 악을 쓰는 형국이다.

행복하게 살아갈 방법을 배우지 못한 건 지금의 어른도 마찬가지지만 우리보다 더 불행한 세대가 아닌가. 더 비겁한 건 어른들이 직접 경험해서 그 폐해를 알고 있으면서도 오히려 자기들이 당한 것보다 더 심하게 아이들을 닦달하고 있다는 사실이다. 엄마가, 아빠가, 심지어는 할아버지 할머니까지도. 당신들은 적어도 공부보다는 더 많이 놀면서 살았던 세대가 아닌가. 그들은 그렇게 할 수밖에 없다고 말한다. 마음만 제대로 먹는다면 누군가는 멈추게 할 수도 있을 텐데 모두들 어떻게 해볼 도리가 없다고만 말한다.

문구점에 있으면 엄마들의 강박이 보인다. 아이들이 고학년이 될수록 정도는 심해진다. 참고서는 아이들보다 엄마들이 더 많이 사러온다. 그들은 자신의 희망과 비전을 자식에게 몽땅 투사하는 것처럼 보인다. 그 희망은 누구에게도 져서는 안 되며 버티고 버텨서 살아남아야 하는 것들이다. 그들은 그것을 자식에 대한 큰 사랑이라고 확신한다.

하지만 곧 부모들은 알게 된다. 변하지 않고 남아 있는 것은 아무것도 없다는 사실을. 한때 말 잘듣던 아이는 사춘기가 되었다고 부모의 말을 듣지 않고 함께 하지 않으려 한다. 상실감에 빠진 부모는 아이를 토닥거려 보지만 그럴수록 아이는 튕겨져 나간다. 그런 시기를 슬기롭게 넘기는 게 쉽지 않다는 걸 부모와 자식 모두 알게 된다. 뾰쪽한 해결책도 없이 피로감만 쌓여간다. 부모는 아이들을 학원이나 과외로 더 내몬다. 품안의 자식이었지 이제 말을 잘 듣지 않는 아이들이 늦게 들어오길 바라는 건 오히려 부모 쪽이다. 또 부딪힐까봐 맞닥뜨리기 싫고, 아까운 시간에 공부나 할 일이지 스마트폰 붙잡고 허구한 날 빈둥거리는 꼴을 더는 못 봐 주겠다는 것이다.

그럼에도 부모는 부모로서 할 바를 다 하려 한다. 언젠가는 자식들에게 버림받을 수도 있기에 아이들에게 모든 걸 바치지만 말고 자신들을 위해서도 살아가야 하는데 그건 나중일이라며 오직 아이에게만 매달린다. 네가 명문대에만 가 주면, 네가 대기업에만 들어가 주면, 부모 체면 살려주고 이놈의 한恨 다 풀린다는 그 비장함은 도대체 어디서 연유하는 것일까?

오늘날 이런 비정상적인 사태가 시정될 거라는 희망은 사실상 없다. 책임 있는 자들이 해야 할 일들을 방관하거나 게

으름을 피우고, 취업이건 자영업이건 먹고살 만한 일자리가 수요를 넘어서지 못한다면 우린 계속 그렇게 살아가야 한다.

기막힌 우연인데 최근에 또 다른 아이가 똑같은 말을 내게 했다. 아저씨가 부럽다고.

난 웃으며 고개만 끄덕였다.

# 친구들아, 미안하다

30년 만에 대학동창에게서 전화가 왔다. 그는 잔뜩 취해 "보고 싶은 내 친구, 보고 싶은 내 친구"를 연발했다. 친구는 오랜만에 출장을 왔다면서 내 얼굴을 보고야 말겠다고 내가 있는 곳을 끈질기게 물었다. 그땐 나도 약속 때문에 다른 술자리에 있었는데 동석한 사람들과 헤어지거나 친구와 합석할 수 있는 상황이 아니었다.

난 친구에게 사정 이야기를 전하며 다음에 꼭 자리를 만들자고 말했다. 친구는 항상 오는 출장이 아니어서 언제 보겠냐며 몹시 섭섭해 했다. 친구가 보고 싶고, 섭섭한 건 나도 마찬가지였는데 우리 대화는 마치 내가 친구를 거부해서 못 만난 것처럼 되고 말았다. 하지만 어떻게 보면 그게 맞는 것인지도 모르겠다.

친구는 연간 천 억 대의 매출을 올리는 외국계회사의 CEO

였다. 내 기억으로 친구는 집념이 강했고, 목표가 확고해서 무엇이라도 해낼 친구라고 보았는데, 정말로 30년 후의 그는 누구라도 부러워할 만한 자리에서 화려한 꽃을 피우고 있었다.

그에 비해 나는 작은 문구점의 주인. 한때 우리는 똑같이 출발해서 엇비슷한 성적으로 비슷한 목표 의식을 공유하며 함께 공부했던 친구였다. 통화를 하면서 내 자신이 얼마나 초라해졌을지 상상할 수 있겠는가. 난 뜻을 이룬 수행자가 아니라 한낱 나약한 인간일 따름이니 쥐구멍이 아니라 뭐라도 피할 곳을 찾아야 했다. 그때 난 다른 사람들과 술을 마시고 있었으니 마침 잘 되었다고 위안했을 것이다. 틀림없다. 핑계꺼리가 있었지만 내가 친구를 피했다. 창피해서 피했다. 친구가 뭐하냐고 물어볼 텐데 문구점 한다고 말할 자신이 없었다. 멋쩍어하는 친구에게 "나 문구점 하는 거 하나도 부끄럽지 않다."고 말한다면 그건 명백한 자기기만임을 나는 부인하지 못할 것이다. 무엇보다 나는 더 이상 상처받고 싶지 않았다.

벌써 5년도 더 지난 일이다. 국내 유수의 회사에서 근무하던 군대 동기가 내가 살던 지역의 지사장으로 부임해 거의 20년 만에 연락이 되었다. 우린 훈련받을 당시 같은 내무반을 썼고 그는 유독 나를 챙겨주었던 듬직한 동기였다. 잘생겼고 유능한데다 키도 훤칠해서 동기들 사이에서 인기가 많았다. 우린 너무 반가워 뜨겁게 악수를 나눴다. 잘하는 식당이 있다며 그가 나의 소매를 잡아끌었다. 내 고향인데도 거의 집 밥만 먹어 소위 맛집을 나는 잘 알지 못했다.

그날 우린 많이 취했다. 오랜만에 만났는데 얼굴만 바라봤겠는가. 훈련소생활, 내무반 동기들, 결혼, 아이들 문제, 직장생활, 동기모임까지 밤을 새워도 모자랄 만큼 우리에겐 이야기꺼리가 넘쳤다. 동기와 추억을 더듬어가던 난 파릇파릇한 초급장교 시절을 떠올리며 가슴이 뭉클해지기도 했고, 동문회 소식을 전하는 동기의 말을 들으며 벅차오르기도 했다. 동문들이 각계각층에서 확고히 자리를 잡고 있다는 말을 전해 들을 땐 자부심과 열패감이 뒤엉켜 내 안에서 회오리쳤다. 동기를 만날 당시엔 나도 직장인이었는데 비정규직보다 못한 불안정한 직장이어서 난 직장에 대해 입도 떼지 못했고, 동기의 직장생활 위주로만 이야기를 나눴다. 동기는 겸손했지만 직장에 대한 자부가 대화 곳곳에 배어 있었다. 난 그 모습이 너무 보기 좋아 진심으로 맞장구를 쳐 주었다. 동기의 성공에 질투 따윈 없었다고 장담한다. 우린 식당을 마지막으로 나서며 다시 한 번 힘껏 악수를 나누었다. 동기는 본사로 가기 전에 정기적으로 만나자고 했고 나도 그러마고 했다. 하지만 왜 그랬을까. 집으로 돌아가는 길이 못내 울적했다. 난 그 이유가 뭔지 알아내지 못했다.

그 후로 지금까지 동기와 소식이 끊겼다. 난 내가 먼저 연락하는 게 도리가 아닌 것 같아 동기의 연락만 기다렸다. 나야 아무 때나 시간을 낼 수 있지만 동기는 나와 다른 위치에 있어 그의 스케줄을 방해하고 싶지 않았다.

난 자괴감에 빠져들었다. 문득 동기와 만난 그날 내 복장이 초라했음도 떠올랐다. 낡은 운동화와 바지, 집에서나 입어야 마땅한 헐렁한 티셔츠. 친했던 동기여서 평소대로 편하게 걸친 복장이었는데 다른 사람에게 어떻게 비칠까를 고려치 않은 실로 무지몽매한 차림새였다. 어머니 말씀이 생각났다. 옷이 추레해 보이면 사람들에게 무시당한다고. 그날 동기는 나의 입성을 주의 깊게 살폈을지도 모르는데 나는 괘념치 않았다. 먹고사는 문제가 당면 현안이었던 내게 그런 건 사소했다.

어머니 말씀이 틀린 건 아니었다. 외제차만 끌고 다녀도 사람들은 한풀 꺾이지 않던가. 결국 사회적인 나의 위치가 문제였다. 아무런 도움도 안 되는 사람을 한때 친했다는 이유로 그냥 만나주지 않는 게 세태인 것이다. 난 연락 없이 떠난 동기를 충분히 이해했다. 아니 오히려 미안했다. 우린 너무 오래 만나지 않았고, 세상사는 일이 그렇고 그런 것이다. 대형문구점을 운영하는 군대 후배의 푸대접도 그래서 이해해 줘야 한다.

그래도 동기에게 아쉬움은 남는다. 그 친구 입장에서도 사회적인 성공과 상관없이 사심 없이 만날 친구 하나 정도는 있어도 좋지 않을까 하는 생각이 들었다. 다음날 아침이 되면 언제 그랬냐고 우기더라도 편한 친구와 술 한잔 마시며, 아랫것들 무서워 직장생활 못해먹겠다고 큰 소리치고, 사장이 진짜로 마음에 안 든다며 화풀이도 하고, 그런 구구절절한 이야기를 기탄없이 들어주고 맞장구쳐 줄 수 있는 친구 한 명쯤 있어도 좋지 않겠는가, 생각해보았다.

그날 30년 만에 전화가 온 대학동창을 만나지 않으려 했던 건 나의 잠재의식 속에 숨어 있던 그날의 기억 때문인지도 모른다. 내가 외면하면 그만인데 이 나이에 무슨 득이 될 일이 있다고 상처받을 일을 구태여 만들고 싶지 않았던 것이다. 사실 그것은 상처받고 말고가 아닌 자존심 문제였다. 이젠 상처받는 것에 익숙해져 곧 제자리로 돌아올 수 있지만 자존심마저 팽개치긴 싫었다.

대학 동창들이 스마트폰에서 수시로 만나는 단체대화방이 있다. 친구들은 그곳에서 서로의 안부를 묻고 골프모임 약속을 하고 경조사에 힘을 보탠다. 우리 나이쯤 되면 세속적인 정보에는 그다지 관심이 없어진다. 대부분 자기 분야에서 자리를 잡았고 초연해질 시기이기 때문이다. 얼마나 부담이 없는가. 그런데도 나는 대화방에 참여하지 못하고 구경만 하는 쪽이다. 내가 지금 뭐하는지 가까운 친구들은 알 테지만 나로선 선뜻 참여할 수 없었다. 친구들은 모를 것이다. 내가 얼마나 그들을 그리워하는지. 호주머니가 가볍던 시절 우린 학교 앞

시장에서 순대와 함께 소주를 나눠마셨고, 멋모르고 미팅에 나갔고, 나이트클럽에서 니나노 춤을 췄고, 함께 졸업여행을 떠났다. 호기심과 열정으로 가득 찼던 그 시절로 내가 얼마나 돌아가고 싶은지 그들은 모를 것이다. 이 모든 것을 처음부터 다시 시작할 수 있다면, 그럴 수만 있다면….

하지만 그 시절로 다시 돌아가야 한다는 건 괴롭고 힘겨운 일이기도 하다. 같은 실수를 반복하지 않도록 눈에 불을 켜겠지만 또다시 비슷한 전투를 치를 마음이 선뜻 일어나지 않는다. 난 너무 지쳤다.

결국 대학동창을 만났다. 내가 먼저 연락을 했다. 뭐하냐고 물어보면 문구점한다고 말할 준비도 했다. 어쩌다 그렇게 됐냐고 물어보면 다 설명해 줄 작정이었다. 자기기만일지라도 나는 문구점하는 거 하나도 부끄럽지 않다고 말할 태세도 갖췄다. 정작 친구는 내가 뭘 하는지 하나도 궁금해 하지 않았다. 우린 대학교 때 함께 어울렸던 다른 친구도 불러 취하도록 마셨다. 술 마시는 내내 학창시절을 더듬었다. 그중엔 아름다운 추억도 있고 아쉬웠던 때도 있어서 우린 한껏 흥이 올랐다가도 이내 심각해지곤 했다. 이야기 곳곳에서 폭소가 터졌고, 그때마다 서로에게 손가락질 하며 "네가 그랬지, 너 때문이야."를 외쳤다. 난 그날 알았다. 추억은 기분 좋은 전율이지만 다른 한편으론 버거운 짐이라는 사실을. 적어도 내겐 그랬다. 늦은 시간 우린 다음을 기약하며 뜨겁게 포옹을 했다. 휘청거리는 나를 다른 친구가 바래다 주었다.

지금의 난 가까운 친구들에게조차 나의 개인적 사정 전반을 이야기 하지 않는다. 그들도 묻지 않는다. 젊었을 때는 이런 저런 이야기들을 푸념 비슷하게 말하며 서로 위로하고 챙겨주었지만 이제는 아니다. 그땐 어렸으니까. 우정이면 다 되는 줄 알았으니까. 고단한 개인사는 친구들을 부담스럽게 만들고 말하는 자의 마음만 심란해질 뿐 아무것도 남는 게 없다는 사실을 우린 통찰하게 된 것이다. 닥친 상황들을 그저 홀로 견디는 것, 그나마 연락이 닿는 친구가 몇이라도 있다는 데 감사하는 것, 그 정도면 되었다.

그래도 난 먼 훗날을 기대할까 한다. 모두 은퇴해 직업적 배경과 의무감에서 벗어나면 우린 지금보다 홀가분하게 만날 수 있지 않을까. 그때는 계급장 다 떼고 순수했던 친구관계로 돌아가지 않을까. 노년에 완성된 품격과 지성을 즐기며 우린 못다 한 이야기를 나눌 것이다. 그때가 되면 받을 상처도 없을 테고 자존심 나부랭이에 연연할 필요도 없을 것이다. 만약 나의 이런 순진한 기대들이 어긋난다 해도 상관없다. 초연하게 관조할 수 있는 내공을 지금부터 쌓아나갈 테니 말이다.

소중한 친구들을 험담한 꼴이 되었다. 친구들아, 미안해.

# 야시장의 눈물

문구와 값싼 놀이용품, 학습참고서 판매만으로는 한계가 있어 나는 또 한 번 전문가 컨설팅을 의뢰했다. 나는 매장 한쪽을 밀쳐 생활용품을 추가로 넣을 궁리를 했는데 컨설턴트도 내 의견에 동의했다. 바로 옆에 생활형 마트가 있지만 생활용품 전문매장은 아니어서 보완책은 될 수 있을 거란 판단을 했다. 하지만 상권이 작고 상당수 주민이 노년층이라 큰 기대는 어려웠다. 나는 컨설턴트에게 말했다.

"추가품목에서 한 달 임대료만 빠져준다면 더 바랄 게 없겠네요… 과한가요?"

뭔가를 골똘히 생각하던 컨설턴트가 나에게 말했다.

"편의점 한 번 해보실래요?"

요즘 편의점은 매장에 와서 먹는 먹거리 매출이 무시하지 못할 만큼 커져서 여긴 학교 옆인데다 동네 입구에 있으니 나

쓰지 않겠다는 것이다. 만약 이 건물이 길가 모퉁이에만 있었어도 확실히 편의점 자리라는 말도 덧붙였다. 내가 주변 가게들이 받을 타격을 걱정하자 그는 나의 순진함을 나무라듯 한숨을 길게 뽑았다.

"컨설팅 왜 받으시는 건데요. 곧 죽게 생겼다면서요."

난 다른 의문을 제기했다.

"아무리 편의점이 대세라지만 걷다보면 편의점밖에 안 보인다, 이미 다 차버린 것 아니냐?"

그는 아직도 있다며 꼭 이 자리가 아니라도 다른 곳을 찾아보면 된다고 말했다. 난 결정적으로 가진 돈이 없어서 어렵겠다고 말했는데 그는 편의점 본사와의 거래방식 중 내게 적합한 한 가지를 추천했다. 그 방식은 일정한 보증금만 납부하면 본사에서 모든 걸 알아서 해 주는 방식이었다. 지금 건물주에게 들어간 보증금 정도면 될 것 같다는 것이고 지금처럼 물건을 구매하러 일일이 돌아다니지 않아도 되고, 객단가도 높을 것이니 자리만 잘 지키면 큰 수입은 아니라도 지금보다는 나을 거라고 말했다.

귀가 솔깃해질 수밖에 없었다. 나의 모든 고충을 한방에 해결해 줄 수 있는 방책이 아닌가. 돌아다니는 데 들어가는 비용과 체력소모를 줄이고, 거래처 사람들에게 스트레스 받을 일도 없고, 도난에 예민해질 필요도 없고, 몇 푼 남지도 않는

500원짜리 딱지 손님도 없을 것이요, 재고 걱정도 덜 수 있는데다 임대료 문제까지. 특히 책 읽을 시간이 확보될 것 같아 생각만으로도 기분이 좋아졌다. 무엇보다 수입이 더 낫다고 하는데 바보가 아니라면 마다할 이유가 없는 것이다.

컨설턴트는 편의점의 맹점도 지적했다. 유감스럽게도 편의점은 연중 하루도 못 쉰다는 점을 그는 강조했다. 게다가 편의점도 인건비 싸움이어서 하루 중 상당한 시간을 주인이 지켜줘야 하는데 놀기 좋아하고 한 자리에 오래 못 앉아 있는 사람은 버티기 어려울 거라고 했다. 그러더니 나를 다정다감하게 바라보며 말하는 것이다.

"사장님 같은 분에게는 '딱'이죠."

그는 나의 하루 근무시간이 아침 7시 30분부터 밤 9시 30분까지라고 들었다. 나는 그에게 자식이 세 명이라는 점과 지금보다 돈을 더 모을 수 있다면 밥 먹고 잠자고 똥 누는 시간을 빼고 종일토록 가게에 있을 수 있음을 힘주어 강조했었다.

그가 말했다.

"알바한테 저녁 8시에 인계하고 다음날 8시에 교대해 주면 되니까 문구점 근무보다는 시간적으로도 낫네요."

그는 편의점에는 보이지 않는 로스Loss가 있음도 지적했다. 알바들이 심심찮게 물건을 집어간다는 것이다. 편의점은 계약이 종료되면 본사에서 재고파악을 해 부족한 물량은 점주가 물어야 하는데 그게 누적되면 만만치 않다는 것이다. 매일 재고파악을 해서 그때그때 적발하면 되지 않겠냐고 하자 그가 물었다.

"여기 문구점도 날마다 재고파악 하시나요?"

할 말이 없었다. 재고파악 당연히 못한다. 매일 물건 사러 나가고, 진열대에 채워 넣고, 수시로 흐트러진 거 정리하고, 혼자서 손님을 맞이하다 보면 하루가 금방 간다. 힘겨운 건 둘째 치고 시간상으로 따져도 매일 재고를 맞춰보는 일은 사실상 불가능한 것이다. 컨설턴트가 말하길, 따라서 로스 부분은 감수해야 할 거라며, 그럼에도 편의점은 나 같은 사람에게 최적의 대안임을 강조했다. 그는 특정 품목 한두 가지를 불시에 재고조사를 한다거나 어떻게든 착한 알바를 채용하는 식으로 해서 로스를 최소화하는 방법 말고는 없다고 했다.

천성이 대범하지 못한 나는 그 말을 들으니 슬그머니 걱정이 되었다. 문구점을 하면서 제일 스트레스 받는 부분이 도난인데 그런 걱정을 또 하게 생겼으니 말이다. 500원짜리 천 원짜리 도난도 아니고 천 원 이상일 것이니 쌓이면 그 규모도 만만치 않을 것이었다.

나는 한 가지가 더 걱정스러웠다. 향후 가파르게 상승할 최저임금이다. 나는 개인적으로 최저임금이 적정수준으로 올라 저임금 근로자들의 최소한의 생활을 보장해야 한다는 데 동의하는 입장이다. 그럼에도 자영업자에게는 알바의 오른 임금을 완전히 상쇄할 방도가 근본적으로 보이지 않는다. 매출이 올라 자영업자의 순수익이 늘지 않는 한 말이다. 최저임금 인상분이 자영업시장으로 들어올 거라는 보장도 없다. 인상액의 상당부분은 빚을 갚거나 값싸고 물건 많은 대형매장에서 소진될 확률이 크다.

최저임금이 적용될 곳은 일반적인 기업보다도 영세한 소기업이나 소상인이 운영하는 사업장이 더 많을 것 같은데 소상인의 경우 하루 수백만 원 이상의 매출을 올리는 사업장이야 큰 무리가 없겠으나 그렇지 못한 약골의 자영업자들에겐 날벼락이 따로 없다. 나 같은 일인사업자야 어떻게든 혼자 하고 있으니 별 상관이 없지만 많은 수입도 아니면서 한 명 이상을 고용할 수밖에 없는 사업장은 그야말로 비상이 걸렸다고 보면 된다. 동네 구석에 위치한 편의점들이 그 적절한 예가 될수 있다. 편의점 중에는 터를 잘 잡아 손님을 주체 못할 만큼 문전성시를 이루는 곳도 있지만 우후죽순으로 생기는 요즘엔 장사가 녹록치 않은 곳이 더 많을 터, 주인의 엉덩이가 쇳덩어리여서 종일토록 앉아 있을 자신이 있다 할지라도 누워서 잠이라도 자려면 알바를 고용할 수밖에 없다. 그 여파를 감당하기 쉽지 않을 것이다. 정책입안자들이 영세한 편의점주들의 그런 세세한 애로사항까지 감지하고 있을까. 그 애로사항들을 단 한 번이라도 자기 일인양 감정이입을 해보았을까. 우리가 보기에 그런 것 같지는 않다.

그럼 부부가 하면 되지 않겠냐고? 맞다. 그래서 그렇게 하는 곳도 많다. 아내가 아침 8시부터 저녁 8시까지 일하고 저녁 8시에 남편이 교대한 후 다음날 아침 8시까지 일하면 되겠다. 그런데 말이다. 인간적으로 생각해보자. 이게 사람이 사는 것인가. 단 하루도 쉬지 못하고 일 년 내내, 아니 기약도 없는 날까지 부부가 편의점에서만 살아야 한다. 기계도 아닌데 기계나 다름없는 생활들. 휴가는 언감생심이요, 아이들이 어딜 가자고 해도 아빠 따로 엄마 따로 놀아야 한다. 부모님께 값싼 음식조차 대접 못하고, 친구들과 회포를 풀 시간도 없고, 지인들 경조사에 얼굴만 내비쳐도 다행이다. 다 좋다. 정작 본인들은 뭔가. 둘만의 오붓한 시간들조차 먹고사는 일에 강탈당하고 말았다. 부당하고 잔인하다. 하지만 우린 보편화되어버린 사회적 부당함에 면역이 되어 불만을 제기할 줄을 모른다. 내 탓이요 하며 그런 생각도 못한다. 지금 당장 어떻게 살아야 하는지만 당면과제일 뿐, 휴식의 추억과 참다운 가치조차 잊어버렸다. 그건 그들의 잘못이 아니다. 양극화를 유발하는 사회적 시스템의 과오다.

문제의식이 있는 사람이라면 24시간 편의점들이 왜 연중 하루도 쉬면 안 되는지 이해하지 못한다. 편의점 사이의 경쟁 때문이라면 편의점 기업별로 돌아가면서 쉬면 되지 않느냐는 것이다. 월 1회가 어려우면 하다못해 분기 1회라도 말이다. 한 메이커가 쉬면 다른 메이커 소속의 편의점은 문을 열고 있으니 새벽 손님들은 하등 불편함을 느끼지 않을 테고 무엇보다 편의점 점주와 종업원들이 충분치 않으나 단 하루라도 발 쭉 뻗고 잠이라도 잘 수 있는 것이다.

난 편의점을 차선책에서 일단 제쳐놓았다. 나의 하루 근무 시간이 거의 14시간인데 그보다는 낫다고 해도 하루도 쉴 수 없고 인건비 부담에서 자유롭지 못하다는 점만으로도 자신이 없었다. 그렇다고 완전히 배제한 건 아니다. 다른 대안이 없다면 나도 별 수가 없다.


풍부한 먹거리를 찾아 사람들은 야시장으로 향한다. 사랑하는 사람과, 소중한 가족과, 친한 친구와, 맘이 통하는 회사 동료와, 혹은 혼자서 묶은 일상의 찌꺼기들을 털어내고 먹고 즐기기 위해 그곳을 찾는다. 열심히 산 보람을 확인하는 장소이기도 하다. 인파에 휩쓸려 사람들을 구경하는 것만으로도 즐겁고 신이 난다. 타인에게 피해를 주지 않는다면 이런 자유를 누구나 만끽할 자격이 있다.

그 이면은 어떨까. 한 상인이 말한다.

"요즘 장사가 너무 안 되서 여기까지 나오게 되었죠."

다른 상인이 말한다.

"자리만 잘 잡으면 여기가 가게보다 더 낫소."

"주섬주섬 벌어도 모이기만 하면 적은 돈은 아닐 텐데요."

"그래봐야 쓸 곳이 천지여서 모이지가 않는다니까."

사연도 많고 할 말도 많지만 하루 종일 일하고 밤까지 또 일하는데도 아무도 피곤하다고 푸념하는 상인이 없다. 그들은 그런 생활에 면역이 된 것이다.

늦게까지 일하면 돈을 조금이라도 더 모을 수 있을 거라는 기대가 인간이 누려야 할 기본적인 권리마저 앗아갔다. 어느 누가 작은 차량에서 원두커피와 갓 구운 빵을 파는 젊은 부부의 심정을 헤아려 보았겠는가. 꼬치를 굽는 인상 좋은 아줌마의 수더분한 매너만 보았지 그 이면에 숨은 복잡한 속사정에 누가 관심을 갖겠는가. 하지만 정신을 차리고 보면 다 보인다. 피로감을 호소하는 그들이. 그래도 쉴 수 없는 그들의 안타까운 사연들이. 그렇게라도 하지 않으면 살아가기 어려운 구조, 이게 대한민국 자영업자들이 처한 지난한 삶의 한 단면이다. 야시장의 앞모습은 즐겁지만 뒤를 보면 눈물이 보인다.

어떤 정치인이 공약으로 '저녁이 있는 삶'을 말했던 기억이 난다. 그는 알고 있을까. 그 공약은 소상인들과는 아무 상관이 없다는 사실을. 몰랐다면 무심한 것이요, 알고 그랬다면 550

만 자영업자들을 가볍게 본 것이다. 몰랐었길 바란다.

자영업자들의 하루 평균 근로시간은 12시간 이상이다. 업종을 가릴 것 없이 일요일까지 일하는 자영업자도 수두룩하다. 명절도 당일 하루만 쉬고 연휴 내내 문을 연다. 자영업자의 2/3 이상은 휴가를 꿈꾸지 못한다. 휴가비도 부담되고, 어려워진 시절에 한 푼이라도 더 벌어야 하기 때문이다. 휴가를 떠난 자영업자도 마음이 편치 않긴 마찬가지다. 재충전해서 잘해보자고 떠났지만 좌불안석이다. 이렇게 쉬어도 되는 것인지 죄책감마저 든다.

나도 언젠가부터 한 달에 두 번은 일요일에도 가게 문을 열고 있다. 빤한 매상이지만 그래야 맘이라도 편할 것 같아서. 실은 맘이 편할 턱이 없다. 직장인들 다 쉬는 휴일에 손님도 안 오는 가게를 지킬 때의 쓸쓸함은 당사자가 아닌 한 모른다. 직장인이었을 때가 생각난다. 금요일만 되면 내리 이틀을 쉴 수 있다는 기대감에 얼마나 설레고 마음이 편했던가.

일반적으로 상인들이 일요일에 가게 문을 닫는 경우는 대개 두 가지 중 한 가지 때문이다. 일요일엔 평일보다 현저하게 손님이 적어 쉬는 게 낫거나, 평소 장사가 잘돼서 일요일까지 문 열 필요가 없는 때이다. 나는 첫 번째 경우인데 일요일까지 문을 열게 된 건 조금이라도 벌기 위해서지 다른 이유가 없다. 만약 두 번째 경우인데도 일요일까지 문 여는 가게

나 식당이 있다면 그건 더 벌고 싶어서이지 돈이 아쉬워서는 아닐 것이다.

국가에서 보장하는 건강검진도 많은 자영업자들에겐 그림의 떡이다. 수긍하기 어려울 만큼 과중한 건강보험료만 생각하면 돈이 아까워서라도 반드시 받아보자고 마음을 다져먹지만 가게 문을 닫고 검진을 받는 게 쉽지 않다. 어떤 자영업자는 이렇게 말한다.

"배부른 소리하네. 우리 같은 사람들이 건강검진 받을 시간이 어디 있어. 그 시간에 물건 한 개라도 더 팔아야지."

또 다른 자영업자는 이렇게 말한다.

"평생 일만 하고 살아서 검진받기가 겁이 나. 죽을병이라도 걸렸으면 어떡해. 이대로 살다가 죽을래."

자영업자와 상관없음에도 저녁이 있는 삶은 인간이 마땅히 누려야 할 권리라는 데 토를 달 사람은 아무도 없다. 당연한 걸 공약으로까지 내세웠다는 건 우리 사회가 자신과 주변을 돌보지 않고 오직 앞만 보고 내달렸다는 의미에 다름 아니다. 저녁이 있는 삶은 아이러니하게도 자영업자에겐 현실적인 삶의 대안이다. 자영업자는 쉬지 못하는 대신 새롭게 창출된 수요로 보상을 받을 수 있다. 만약 저 공약을 내건 정치인이 자영업자의 추가적인 수입까지 염두에 둔 것이었다면 그는 소상인들에게 예기치 못한 박수를 받을 것이다. 그만큼 이 시대의 자영업자에겐 휴식보다 수입이 훨씬 중요하다. 일하다가 쓰러져도 좋으니 수입을 더 올릴 수 있다면 그나마 누리던 휴식도 반납할 준비가 되어 있다. 그 수입은 큰돈도 아니요, 최소한의 인간적 생활을 보장할 만큼의 수입이면 족하니 그런 생각만 하면 참으로 우울해진다. 다음 장에선 그 이야기를 좀 해야겠다.

# 아들아, 방학 때 보자

타지에서 대학을 다니는 아들에게서 전화가 왔다. 중간고사 잘 마쳤다며 아빠랑 술 한잔 하고 싶어 집에 오겠다는 것이다.

"아드님 오신다는데 아빠 엄마는 언제나 대환영이죠."라고 말했지만 난 주머니 사정부터 살폈다. 아들이 오면 소요비용이 술값부터 교통비, 용돈까지 족히 20만 원은 된다. 아들은 자기 용돈도 부족하면서 다 알아서 할 테니 내 걱정 말라고 큰소리 빵빵 치지만 어차피 용돈도 엄마가 보내주는 것이요, 아이 지갑에 돈이 있다 해도 그냥 못 보내는 것이 부모의 심정 아닌가. 늘 교통비는 아내가, 얼마 안 되지만 용돈은 내가 쥐어주곤 했다. 그런데 갈수록 장사가 안 되다 보니 어떤 사람에게는 20만 원이 크지 않겠지만, 나 같은 사람에겐 작은 돈이 아니어서 다음 달 임대료를 떠올려보고 전기료도 떠올려보게 되는 것이다.

난 아들에게 말했다.

"아들아, 이번엔 네가 와도 아빠하고 술 한잔 나눌 시간이 없을 것 같은데… 갑자기 할 일이 생겨서 말이야."

일개 소매상이 가게 지키는 거 말고 무슨 할 일이 있겠는가. 일상의 만남일지라도 자식이 부모를 보고 싶다는데 그보다 중요한 일이 뭐가 있겠는가. 장사가 안돼 가게 주인이 일찍 문 닫겠다는데 누가 뭐라 할 사람도 없다.

아들은 "그럼 할 수 없죠."하며 몹시 아쉬워했다. 나름 중간고사를 잘 보고 그 보람을 아빠랑 나누고 싶었는데 아버지란 작자가 찬물을 끼얹은 것이다.

큰 아들과 난 사이좋은 술친구이기도 해서 우린 가끔 소주 한잔에 살아가는 이야기를 나누며 부자간의 정을 돈독히 하곤 했다. 난 아들에게 방학 때 보자고 말했다. 그때 만나서 엄마하고 동생들이랑 치킨에 시원한 맥주 한잔 하자고 말했다. 아들은 씩씩하게 "좋죠!" 라고 답하며 아빠의 마음을 편하게 해 주었다.

순전히 돈 때문에 아들의 작은 소망을 뿌리친 그날 난 너무나도 울적해서 형제처럼 지내는 친구에게 전화를 걸었다.

"네가 나 좀 위로해 줘야겠다. 술값은 못 낸다."

대한민국 자영업 경기가 진짜 진짜 심각하다. 장사하는 사람들이 현장에서 체감하는 경기는 드러난 현상보다 더 나쁘다. 정부 통계에 따르면 2016년 말 전국의 자영업자는 557만 명이라고 한다. 하지만 하루 3300여 개 사업장이 문을 열고 2400여 개가 문을 닫아 자영업 생존율이 3분의 1도 안 된다고 전해진다. 한 달 백만 원도 못 버는 자영업자가 전체의 절반에 육박한다고 하니 앞으로도 무더기 폐업이 줄을 이을 건 자명하다.

근근이 버티고 있는 자영업자들의 미래도 밝을 것이 하나도 없다. 2016년 말에 발표한 통계청 자영업 현황분석 자료에서도 국내 소상인의 월평균 영업이익이 187만 원으로 밝혀져 문제의 심각성을 확인해 주었다. 영업이익에는 대출금에 대한 이자가 빠져 있으니 가용자금은 더 줄어든다. 상식적으로 생각해보라. 월수입 백만 원대로 뭘 할 수 있겠는지. 요즘 이슈가 되고 있는 편의점 알바들보다 못한 수입이다.

그렇다고 하던 일을 그만두지 못하는 건 최소한 용돈벌이라도 하기 때문이다. 하지만 최소한의 용돈벌이로는 살아가기 어렵기 때문에 자영업자들은 그동안 모아두었던 돈을 야금야금 꺼내 쓰거나 빚을 낼 수밖에 없다. 집을 담보로 생활비를 대출받고, 전세보증금을 담보로 원재료나 상품 구입비를 조달한다.

금융감독원 자료에 따르면 2015년 말 기준 자영업자 약

150만 명의 총 부채가 520조 원에 이른다고 한다. 전체 자영업자에 대한 합계치는 아니지만 이는 1인당 채무가 3억 5천만 원으로 일반인의 상상을 초월하는 금액이다. 금감원은 자영업자의 부채증가율이 가계대출 증가율보다 높고, 금리가 상대적으로 높은 제2금융권의 대출 규모가 많이 늘었다고 전했는데, 질적으로도 위험한 수준을 향해 치닫고 있는 것으로 해석할 수 있다.

사태가 이토록 엄중한데도 그 심각성은 자영업자들만 알고 있는 것 같다. 정치권에서 이렇게 해야 한다, 저렇게 해야 한다는 말들은 많지만 후속 조치들이 실효성이 떨어지거나, 대충 어영부영한다면 그 모든 것들은 선거용, 장식용 구호에 불과한 것이다.

자영업자는 힘이 없다. 하나로 힘을 모으지 못한다. 550만이라면 무시하지 못할 숫자인데도 자영업자 자신들의 이익을 강력하게 주장하지 못한다. 업종이 다양해 대변할 목소리를 하나로 모으기 어려운 것이다. 자영업자들도 하루하루 먹고 사느라 그밖에 것들은 신경 쓸 틈이 없다. 힘 있는 누군가는 이런 점을 잘 알고 있으리라. 그들에게 실리적으로 도움이 되지 않고 의견개진 통로도 없는 비실비실한 자영업자들보다는 그들의 미래를 든든하게 뒷받침해 줄 현실적인 이익을 쫓는 편이 낫다는 점도 잘 알고 있으리라. 유치원의 사태를 보라!

그래서 자영업대책은 늘 뒷전이거나, 기왕에 만들어질 정책들도 추진력이 약하다. 앞에서는 자영업경기를 살려야 한다고 거품을 물지만 돌아서면 언제 그랬냐는 식이다.

업종마다 다르지만 문구점의 일 년 수확 철은 연초 신학기이다. 한해 농사나 다름없어 학기 초를 준비하는 소매점들과 도매점들은 잔뜩 기대에 부푼다. 바쁜 틈을 노린 도난이 빈번한 때임에도 판매물량이 만만치 않아 작은 도난은 그냥 넘어간다. 하지만 그런 신학기 특수도 이젠 전설이 되었다.

난 이 장사를 시작하고 신학기를 다섯 번 치렀다. 개업 1년도 못 돼 맞이했던 첫 번째 신학기는 그야말로 전쟁터를 방불케 해서 호된 신고식을 치렀다. 난 포스POS를 사용하지 않기 때문에 이제는 웬만한 품목의 가격은 외우고 있고 계산기 두드리는 속도도 빨라졌지만, 그땐 문구점 운영에 미숙한데다 요령도 부족해 카운터 앞에서 계산을 기다리는 아이들을 통제하지 못하고 얼마나 우왕좌왕했는지 모른다. 계산이 맞느냐고 따지는 학부모도 있어 다시 계산기를 두들겨야 하는 당황스런 사태도 종종 발생했다. 그렇게 힘든 하루하루였지만 집으로 돌아가 그날 매출을 결산할 때면 적지 않은 성과에 흥분을 감추지 못했다. 카드와 현금매출을 망라한 그날 수입이 나의 모든 피로를 금세 날려버린 것이다. 옆에서 계산을 돕는 아내가 말했다.

"맨날 이랬으면 좋겠네. 우리 곧 떼부자 되는 거 아니야?"

쥐방울만한 가게에서 떼부자는 말도 안 되는 소리고, 일반적인 하루 매출에 비한다면 월등한 수준이었다. 지금 생각해보면 어리숙했다. 무슨 업종이든 업종 특성에 맞는 성수기가 있고 비수기가 있는 법이어서 어떤 땐 잘되고 어떤 땐 안되기 마련인데 결국 1년 평균을 내보면 고만고만해서 흥분할게 없는 것이다.

정말 괜찮은 장사인지는 시작하고 최소 1, 2년은 지나야 판단할 수 있다. 하지만 현재 자영업자들에게 1년차, 2년차, 3년차 결산은 큰 의미가 없다. 내수경기 부진으로 자영업 매출이 지속적으로 하락하는 현상은 정부 통계가 잘 말해 주고 있고, 특별히 나는 문구업종의 신학기를 회상하며 그 정도가 얼마나 심해지고 있는지를 증거하고 싶다.

내 기억에 작년은 재작년에 비해 매출이 저조했고 올해는 확실히 작년과 달랐다. 품목별 판매실적이 눈에 띄게 떨어졌고 신학기 특수기간도 대폭 줄었다. 일례로 노트 판매 실적 하나만 봐도 쉽게 알 수 있다. 신학기에 가장 많이 판매되는 품목 중 하나가 노트와 필기도구, 파일 종류인데 나의 경우엔 작년 수준에 맞췄음에도 재고가 과도하게 남아 4개월이 지나서야 소진이 된 것 같다. 그것도 중고등학생 노트이고 초등학생 노트는 거의 판매가 안돼 8월 기준으로 2월에 준비했던 물량의 4분의 3 가량이 그대로 쌓여 있다.

그 이유가 무엇일까? 단지 경기 부진의 탓만으로 돌려도 되는 것일까? 학부모들의 호주머니 사정이 갑자기 나빠져 이미 쓰던 것을 아이들에게 그대로 쓰게 해서 일까? 다른 건 줄인다 해도 아이들 문구는 살 수밖에 없는 품목이다. 자영업 학부모보다는 그래도 직장인 학부모가 더 많을 것이고, 봉급이 줄어든 것도 아닐 테고 말이다. 직장생활이 앞으로 어떻게 될지 모르니 우선 허리띠부터 졸라매고 보자고 했을까? 그것이 전체적인 소비심리 위축으로 이어진 것일까? 이 부분은 뒷장에서 다시 다뤄볼까 한다.

신학기 다음으로 기대되는 시기가 있다면 과학의 날이 속한 달이다. 신학기 특수에 비할 바는 아니지만 과학의 날 행사를 준비하는 수요도 제법 되었다. 대표적인 게 학교에서 자체적으로 실시하는 물 로켓, 에어로켓 경연대회다. 그보다 약하지만 글라이더나 프로펠러 비행기 날리기 대회도 있다. 과학상자 만들기는 매우 정교한 세트라 금액적인 비중도 크다. 그랬던 것이 올해는 과학의 날 특수가 완전히 사라졌다. 완전히 말이다. 작년에 옆 중학교에서는 물 로켓을 어딘가에서 일괄 구매하여 나의 기대를 처참히 무너뜨리더니(?) 올해는 행사들이 대폭 축소되거나 사라져 얼마간의 기대수요마저도 없어졌다. 들리는 말로는 값싼 재료를 최대한 활용해서 직접 만들어간소하게 진행했다고 하는데 해마다 실시했던 행사라 나뿐만 아니라 많은 문구점들이 과학의 날과 관련된 제품들을 평년 수준에 맞춰 가져다 놓았을 것이다.

학부모들의 부담을 덜고 과소비를 억제하고 학생들의 만들기 기량을 키워야겠다는 취지는 충분히 이해하지만 그렇지 않아도 장사가 시원찮은 영세 문구점이 하필 그 대상이어야 하는지 섭섭하기도 하고 문구점에 그런 정보가 사전에 전달되었다면 하는 아쉬움이 컸다. 구입한 품목들은 도매점 사장이 좋은 사람 같으면 일부 반품이 되기도 하지만 대부분의 거래처들은 자기들도 죽겠다며 반품을 안 받아줘 재고부담을 문구점 주인이 고스란히 떠안아야 하기 때문이다. 내년 과학의 날 행사를 이전대로 진행한다는 보장도 없어 악성재고가 될 가능성이 커졌으니 이 노릇을 어찌해야 할까. 내수경기가 좋지 않은 데다 허리띠를 졸라매는 교육당국의 정책 등으로 문구점은 이중고 삼중고를 겪고 있는 것이다. 우려했던 대로 학교 근처에 문구점이 아예 없는 곳도 생겨나고 있고 이런 추세는 멈추지 않을 것 같다.

나는 이대로는 안 될 것 같아 바로 옆 중학교와 인근 초등학교에 협조공문을 띄웠다. 학교에서 필요한 사무용품이나 학습용품이 있으면 소량이라도 학교 옆 문구점을 이용해달라는 취지의 공문이었다. 공문서 형식을 빌린 건 학교 최고결정권자인 교장선생님에게까지 전달되기를 바랐기 때문이다. 직장생활 경험에 비추어볼 때 정식공문은 실무자 선에서 함부로 폐기되지는 않을 것이란 기대가 있었다. 때마침 학교 옆 문구점을 살리기 위해 교육당국에서 학습준비물의 일정 비율을 학교 근방 문구점에서 구입하도록 공문을 보낼 거라는 소문이 들려왔던 터였다.

　나는 행정실장 경유, 수신 교장선생님 앞으로 하여 공문을 띄웠다. 학습준비물 경쟁입찰과 대기업 마트, 대형 할인점, 경기악화 등으로 문구점 운영이 갈수록 어려워지고 있다며 솔직한 심정을 토로했고, 혹시 공개입찰에 붙이고 남는 예산이 있다면 근처 문구점을 이용해달라는 간곡한 호소를 문서에 담았다. 학교 선생님들이 학교 근처 문구점이 아닌 도매점이나 할인점을 방문하여 저렴한 가격에 학습용품과 문구류를 구매하고 있다는 사실을 목도한 적이 있어서 난 정기적으로 이용해 주신다면 동네문구점에서도 똑같은 할인율로 공급할 수도 있음을 언급했다. 구멍가게 크기의 문구점일지라도 대한민국에서 거래되는 모든 문구류를 주문받아 공급할 수 있고, 물량만 정기적으로 확보된다면 실제로도 얼마든지 할인해 줄 수 있었다. 굳이 멀리 도매점까지 찾아가지 않아도 인근 문구점과 충분히 협의가 가능한 일이고, 배달까지 해 줄 수 있으니 학교 옆 문구점을 자주 이용해 주기만 하면 좋겠다는 취지였다.

그해 결산기가 끝나기 전 인근 초등학교 선생님 몇 분이 문구점에 들러 남은 예산 안에서 주문을 했다. 몇 만 원 혹은 몇천 원 금액이었지만 고맙지 않을 수 없었다. 공문을 보내기 전에도 그 초등학교는 종종 소액 단위 구매를 해 준 적이 있어 내가 보낸 공문의 효과인지는 확인을 못했다. 초등학교 선생님들은 올해도 조금씩 이용해 주고 있다. 정작 바로 옆 중학교에서는 아무런 반응이 없어 섭섭했다. 준비물이 많은 초등학교와 달리 구매할 게 별로 없다고 해도 복사용지 같은 기본적인 소모품이 있을 텐데 대관절 어디서 구매하는지 별게다 궁금해졌다.

과학의 날 다음으로 문구점 경기를 측정할 수 있는 품목은 물총과 비눗방울, 쿨팩, 수동 선풍기 같은 여름용품이다. 그래봐야 물총 빼고는 대개 천 원, 2천 원대다. 결과적으로 말한다면 올해는 준비한 물량의 절반도 팔지 못했다. 물안경은 단한 개도 팔지 못했다. 작년에도 눈에 띄게 안 팔려 대충 작년기준에 맞췄으니 작년보다 훨씬 못한 셈이다. 확실히 경기가나빠진 부분도 있을 테고, 뒤에서 설명할 일반인이 간과한 다른 요인도 분명히 있을 것이고, 이에 덧붙여 나는 특별히 스마트 폰의 영향력에도 주목한다.

어디를 가나 사람들은 고개를 떨어뜨리고 있다. 양손 엄지를 신기에 가까운 속도로 움직이며 한 손으로 잡고 스크롤 하면서 심각한 표정이었다가도 킥킥거리는 모습들이 도처에서 발견된다. 혼자 있을 때는 어김없고, 친구들과 있을 때도, 술 마시는 자리에서도, 심지어 연인과 이야기하다가도 스마트 폰을 집어 든다.

스마트 폰이 내게 유익한 점이 있다면 어색한 자리를 모면할 때와 꼭 알아야 할 정보를 볼 때뿐이다. 스마트 폰은 중독성이 있어 한번 잡으면 놓기가 쉽지 않는데 스마트 폰을 이용할 정신력과 체력이 소진되고 나면 또 시간 낭비했다는 허탈감만 들 뿐 별로 남는 게 없다는 결론에 도달한다. 그 스마트 폰이 초등학생들의 놀이세계까지 점령하고 있는 것이다. 한참 뛰어놀아야 할 아이들이 학원에 가는 시간 말고는 삼삼오오 한쪽 구석에 모여앉아 잡다한 정보에 관심을 기울이고 있다. 게임을 하고, 음악을 듣고, 영화를 보고, 연예계 소식에 열광하고, 아이들이 보아서는 안 될 동영상까지 아무렇지 않게 넘나든다. 난 그런 아이들에게 말한다.

"얘들아, 차라리 딱지나 쳐라."

그렇지 않은가. 딱지치기가 아이들에게 최고로 건전한 놀이라는 말은 못해도 단순한 직관에다 적어도 팔뚝 힘은 기를 수 있으니 스마트 폰과는 비교하지 말라는 뜻이다.

스마트 폰에는 유용한 기능이 있음에도 불구하고 내가 스마트 폰을 비관적으로 생각하는 이유는 지나치게 폭력적이고 선정적인 것들에 쉽게 접근할 수 있다는 점 때문이다. 아이들은 그런 정보들을 현명하게 소화해낼 역량이 없다.

아이들이 스마트 폰에서 사용하는 비용도 적지 않을 것으로 추정한다. 그 비용은 갈수록 높아질 것이다. 그러니 아이들이 무슨 돈이 있어 물총을 사고 축구공을 사고 야구공을 사서 운동장에서 친구들과 소리를 질러가며 뛰놀 수 있겠는가. 체력을 길러야 할 시기에 앉거나 혹은 누워서 열심히 손가락 운동만 하고 있으니 근력은 떨어지고 게을러지고 머리는 늘 안갯속이다. 자영업자의 장삿속으로만 몰아붙일 수 없는 다른 이유에 대해서도 주목했으면 좋겠다.

# 소비자에게 자비는 없다

앞 장에서 나는 자영업경기가 나빠진 주된 원인들을 추정해보았다. 크게 본다면 고전적 개념의 내수경기 침체와 불안한 미래에 따른 소비심리 위축 때문이라는 데에는 별다른 이견이 없을 것이라고 생각한다. 그건 나의 진단이 아니라 우리 모두가 익히 들어 알고 있는 진단이다.

하지만 이것만 주된 원인일까? 거론되는 기타 원인 중에 비중 있게 다뤄야 할 다른 원인은 없는 걸까?

국내 모 대기업 마트 최근 4년간 매출액 　　　　　　　　　(단위: 백만 원)

| 구분 | 2017 | 2016 | 2015 | 2014 |
|------|------|------|------|------|
| 매출액 | 12,450,694 | 11,631,228 | 11,148,885 | 10,838,213 |
| 전년대비 | +819,466(+7%) | +482,343(+4.3%) | +310,672(+2.8%) | |

(출처 : 금감원 전자공시시스템)

위 표는 국내 유명 대기업 마트 한 곳의 최근 4년간 매출액이다. 매출액의 절대 규모가 커서 매출액 증가율로만 보면 미미해 보일 테지만 2015년에는 2014년보다 3100여 억 원이 증가했고, 2016년에는 2015년보다 5천 여억 원을 더 벌어들였다. 2017년에는 무려 8천 억 이상이 증가하며 한 해도 거르지 않고 파죽지세로 성장하고 있음을 여실히 보여주고 있다.

다음 표는 국내 소매시장을 다른 쪽에서 무서운 기세로 잠식하고 있는 생활용품 대형 유통업체의 최근 4년간 매출액이다.

**국내 생활용품 유통기업 최근 4년간 매출액**　　　　　　　(단위: 백만 원)

| 구분 | 2017 | 2016 | 2015 | 2014 |
|------|------|------|------|------|
| 매출액 | 1,645,748 | 1,305,583 | 1,049,335 | 890,045 |
| 전년대비 | +340,165(+26%) | +256,2485(+24.4%) | 159,291(+17.8%) | |

(출처 : 금감원 전자공시시스템)

여긴 더 심하다. 전국적으로 수백 개에 달하는 매장의 대부분을 직영으로 운영하는 이 업체는 먹는 것만 빼고 일상적으로 사용하는 생필품(문구류 포함)의 거의 모든 품목을 취급한다. 처음 시작할 땐 값싼 품목으로 소비자들의 관심을 끌고 구매를 유도했지만 사람들의 인기를 끌자 가격이 비싼 제품까지 다채로운 구성과 다양한 가격대로 소비자를 끌어들이는 데 성공했다. 이 업체의 지난 4년간 매출액 추이를 보라. 2015년 실적을 보면 전년도 대비 18%나 상승했다. 2016년에는 2015년 매출액보다 무려 24%나 급증했다. 2017년은 그보다 많은 27%로 폭발적인 성장세를 보이고 있다.

알다가도 모를 일 아닌가. 다들 어렵다고 아우성이고 그건 대기업도 예외가 아니라고 하는데 엄살이었단 말인가? 난 궁금해졌다. 경기 침체와 소비심리 위축으로 소매상들은 죽을 지경이라고 하는데 어찌된 게 대기업 마트와 대형 생활용품점은 지속적으로 성장하고 있는지 말이다. 그것도 엄청난 급성장이다. 매출을 올리려는 기업 자체의 노력도 있었겠지만 그것만으론 온전히 설명이 안 된다. 요컨대 불황과 수요위축이 세계적인 추세라면 생활용품을 취급하는 대기업들도 일정 부분 타격을 받으리라는 추정은 상식적인 것 아닐까.

통계청이 2016년에 발표한 자영업 현황분석 자료를 보자. 자료는 2015년 연매출 1200만 원 미만 자영업자가 21.2%, 1200만 원~4600만 원 매출 자영업자가 30.6%로 전체 자영업자의 50% 이상이 1년에 4600만 원 매출도 못 올리고 있다는 점을 지적했다.

특이한 건 연매출이 1억 원 이상인 곳이 3.1%인 14만 7천 개에 불과했는데 1년 전보다 9.7% 늘었다는 점이다. 특별한 업종을 제외하고 통상적으로 연매출 1억 원 이상이면 영세상인은 아니다. 요식업을 제외한 나머지 중 상당수는 프랜차이즈형 소매점일 것으로 추정하는데, 그들의 매출이 전반적으로 상승한 것이 아닐까. 프랜차이즈는 본사의 유통 노하우와 핵심 역량이 있어 일반 자영업자들이 이기기 어렵기 때문이다.

내가 내린 결론은 이렇다. 경기의 좋고 나쁨을 떠나 소비자들이 물건 많고 가격도 저렴한 곳을 향해 대거 이동한 것이다. 아무리 허리띠를 졸라맨다고 해도 사야 할 생필품은 있게 마련인데 풍부한 물량과 정상가 대비 할인 메리트, 쾌적한 쇼핑환경만 제공해도 충분히 승산이 있을 거라는 점을 대기업 마트와 대형 생활용품업체, 대형 프랜차이즈업체는 간파했고 소비자들은 동네가게에서 지체 없이 그곳으로 이동했던 것이다. 결론적으로 오늘날 대형 매장의 급성장은 헤아릴 수 없이 많은 동네상점들, 즉 자영업자들의 희생을 배경으로 하고 있다.

대기업 마트와 대형 생활용품업체에서 파격적인 가격할인이 가능한 이유는 우월한 유통구조에 있다고 전해진다. 소매상과 똑같은 가격으로 도매상에게 구입한 후 마진을 적게 보고 파는 박리다매薄利多賣 구조가 아니라, 생산자나 1차 도매상과 직거래하여 구입단가를 대폭 낮춤으로써 할인을 해도 충분히 이익을 보장받는 구조라는 것이다. 물론 외제 필기도

구와 같이 소매점과 똑같은 가격으로 파는 품목도 있긴 하다. 그건 생산자와 직거래가 어렵기 때문으로 짐작한다. 즉 그들은 대부분의 품목에서 시장의 우월적 지위를 이용하여 가격 우위 전략을 전개하고 있고 그 때문에 동네 소매상들이 치명적인 타격을 받고 있는 것이다.

우리 같은 소매상들은 의문을 가질 수밖에 없다. 서로 동등한 조건에서 경쟁을 하는 게 아니기 때문에 이게 과연 공정한 거래인지 말이다. 대기업은 매장에 진열할 엄청난 거래 물량에 힘입은 유리한 협상력을 앞세워 시장에 형성된 도매가격보다 낮은 가격에 매입할 수 있고, 소매상보다는 싸게 팔기 때문에 한 마디로 게임이 안 된다. 경쟁사회에서 가격을 할인하여 팔겠다는 데는 뭐라 말할 수 없지만 가격을 할인해서 팔아도 적정 이윤을 유지할 수 있는 유통구조가 오직 그들만의 것이라면 공정한 거래로 보이지 않는다.

대기업 마트는 원거리 고객을 흡수하고, 대형 생활용품매장은 근거리 고객을 흡수하고, 그걸 손 놓고 지켜보고만 있자니 소매상들은 그저 울고 싶을 따름이다. 자영업경기 부진을 단순히 내수경기 침체와 소비심리 위축만으로 볼 수 없는 이유들이다.

아마 이 업체들의 향후 매출은 다소 저조해질지도 모르겠다. 세계적인 불황의 여파를 소비재도 피해가기는 어렵고 인구가 점차 줄어들고 있기 때문에 그들이 동네 상권에서 흡수한 소비계층의 확대도 언젠가는 한계에 다다를 것이기 때문이다. 향후 가족단위 쇼핑문화가 일인 생활문화로 바뀐다면 그런 경향은 점차 두드러질 것이다. 소상인들은 그 때를 대비할 필요가 있다. 멀리 움직이기 힘든 고령층, 증가하는 독신자들의 거주지역과 생활패턴, 구매방식을 눈여겨 보아야 한다.

아이들은 중학생이 되면 친구들과 시내에 나가놀아도 좋다는 부모의 허락이 떨어진다. 부모 손에 이끌려 다닐 때와 완연히 다른 느낌에 아이들은 마냥 설렌다. 아이들은 친구들과 와자지껄 떠들고 몰려다니며 해방감을 만끽한다. 그렇게 어울려 다니다 보면 먹고 싶은 것도, 사고 싶은 것도 많다. 충동구매 욕구를 떨쳐버리기 어려운 시기라 마음에 드는 게 보이면 냉큼 산다. 특히 유행을 타는 소품은 못 사서 안달이다. 물건 파는 입장에서는 이보다 좋을 수 없다. 즉 대부분의 아이들은 밖에서 쓸 돈도 부족한데 학교 앞 문구점에서 필요한 것들을 살 이유가 없는 것이다. 이 때문에 중학생들은 신학기 초반 말고는 문구점 매출에 별 도움이 안 된다.

처음 문구점을 오픈했을 당시 나는 여중생들이 좋아할 만한 것들을 가져다 놓았다. 학생들은 소품 앞에 모여 이구동성 말했다.

"와~ 예쁘다, 와~ 갖고 싶다."

나는 기대감을 갖고 아이들을 지켜보았다. 조금만 기다리면 팔릴 것 같았다. 아이들은 이어 말했다.

"아저씨 다음에 와서 꼭 살게요."

순진하게도 나는 그 말을 믿었다. 하지만 곧 알게 되었다. 그렇게 말한 아이들치고 진짜로 오는 아이들은 거의 없다는 사실을.

난 아내와 시내에 위치한 대형 문구프랜차이즈 점을 방문해보았다. 문구점 운영에 참고하고 싶었다. 아내와 난 눈이 휘둥그레졌다. 화려한 조명과 현란한 디스플레이는 말할 것도 없고, 모든 문구와 팬시용품을 거의 갖추고 있었다. 아이들 입장에서 보자면 그런 곳에서 사지 않으면 뒤떨어진다는 느낌을 받을 만도 했다. 살펴보니 권장 소비자가보다 비싼 품목들도 많았다. 그럼에도 아이들은 충동을 자제하지 못하고 그런 데서 산다. 대기업 마트, 소매를 겸하는 도매점들, 일반 문구까지 취급하는 대형 생활용품점, 문구 전문 프랜차이즈까지, 작은 문구소매상은 어떻게 해도 그들을 이길 수가 없다.

나중에야 나는 알았다. 올해 초등학생 노트 판매가 왜 그렇게 저조했는지를. 초등학교 2학년 정도로 보이는 어떤 아이가 내게 자랑삼아 이렇게 말하는 것이다.

"아저씨, 있잖아요. 제 노트, 엄마가 마트에서 사 줬어요.

거긴 여기보다 훨씬 싸요."

신학기 물량을 갈수록 대형 매장에 빼앗기자 울며 겨자 먹기로 할인행사를 하는 학교 앞 문구점들도 있긴 하다. 하지만 대부분의 학교 앞 문구점들에게는 효과가 없어 현실적으로 할인이 어렵다. 신학기에 구입할 품목들은 가짓수가 많은데 학교 앞 문구점은 할인할 수 있는 품목이 한정적이어서 어렵게 할인행사를 해도 많은 학부모들은 거의 전 품목을 할인해주는 대형 매장으로 간다. 학교 앞 동네 문구점들이 할인행사를 실시한다고 손님들이 늘지 않는 것이다.

이제 학교 앞 문구점은 대형 매장의 보완재로 전락했다. 갑자기 문구가 필요한데 대형 매장까지 갈 시간이 없을 때, 기름 값 들여가며 대형매장 가는 게 비효율적일 때, 볼펜 한 자루처럼 낱개로 살 때, 대형 매장에서 취급하지 않는 것들을 구할 때, 대형 매장에서 물건이 떨어져 문구점에서 살 수밖에 없을 때, 대형 매장에 가기가 너무 멀고 귀찮을 때, 상품권을 살 때, 복사나 코팅을 할 때, 꼬리 빗이나 머리끈 사러올 때, 손주가 할아버지한테 아무 장난감이든 좋으니 지금 당장 사달라고 마구 조를 때나 학교 앞 동네 문구점을 이용한다.

사실 이런 손님들만 있다 해도 위치만 좋은 곳에 있으면 유지는 된다. 손님 개개인의 입장에서 보면 어쩌다 한 번 이용하지만 유동인구가 많은 곳에서는 누적이 되면 적은 수가 아니기 때문이다. 하지만 다 그렇지 못하다는 게 문제다.

　최근 일이다. 아이와 함께 들어온 어떤 엄마가 큰 완구 앞에서 한참을 망설인 끝에 그냥 나가며 내게 말했다.

　"한번 보고 올게요."

　난 그 손님이 뭘 보고 온다는 것인지 어리둥절해졌다.

　변신로봇이 든 완구박스를 잡고 있던 아이가 나가는 엄마에게 소리쳤다.

　"엄마, 뭘 보고 온다고요. 여기 있잖아요."

　얼굴이 빨개진 엄마가 아이 손을 잡고 서둘러 가게를 나갔고, 아이는 나가지 않으려고 발버둥을 쳤다. 아이 엄마는 아이에게 값싼 완구를 사 주려 했는데 아이가 마음에 드는 더 비싼 완구를 집어든 것이었다. 엄마는 그 완구를 큰 매장에서 더 싸게 살 수 있을 거라고 생각했고 그 판단은 옳은 것이다.

　소비자에게 자비를 기대해서는 안 된다는 점을 나는 충분히 이해한다. 그러면서도 한편으론 섭섭한 마음도 든다. '동네가게들을 지켜주시면 안 될까요? 다 사달라는 것은 아니고요. 저가 품목이라도 동네가게를 이용해 주시면 감사하겠습니다.' 하는 얼토당토않은 마음 말이다.

　대형 마트보다 비싼 가격표를 보고 정상가보다 비싸게 파는 것으로 오해하는 사람도 있다. 그런 손님에게 나는 필사적으로 자초지종을 설명한다. 마지막에는 이렇게 덧붙인다. 대기업에서 너무 싸게 파는 바람에 저희들 다 죽게 생겼다고. 하지만 그건 일개 소상인의 비루한 항변일 뿐 손님들에게는 별로 감응이 가지 않는 것 같다. 이런 실정인데도 굳이 학교 앞 문구점을 이용해 주는 손님들에게 어찌 고맙지 않을까.

소매상은 지금보다 앞으로가 더 걱정이다. 물건이 안 팔리면 새로운 상품, 질 좋은 상품을 구입할 재원이 줄어든다. 구색이 갈수록 떨어지는 가게에 손님은 더 안 올 것이고, 그런 악순환이 반복되다 보면 누구라도 결단을 내릴 수밖에 없다.

샀던 책을 교환하거나 반품하러 오는 학생들이 종종 있다. 그중 어떤 학생은 대담하게도 인터넷에서 구매한 책을 내 가게에서 산 것처럼 속여 다른 책으로 바꿔가거나 다음에 사겠다며 현금으로 교환해간다. 나는 아이들의 연기에 곧잘 속아 넘어가곤 하는데 나중에야 그걸 알아차린다. 내가 거래하는 도매점 책은 책면에 도매점의 도장이 찍혀 있는데 인터넷에서 구매한 책자에는 그게 없는 것이다. 속았다는 사실을 알고 나면 무척 속이 상하고 우울해진다. CCTV가 있기 때문에 불량한 학생들을 찾아내는 게 불가능한 일은 아니다. 하지만 나는 한 번도 그렇게 하지 않았다. 반품 들어온 책은 요행히 팔면 되는 것이고, 그중 양심이 있는 아이라면 미안해서라도 내 가게를 한 번이라도 이용해 주지 않을까 하는 심정에서다. 워낙 소매 경기가 안 좋다보니 책 한 권이라도, 노트 한 권이라도 더 팔아야 한다는 생각이 그런 것들도 견디게 한다.

참고서가 진열된 책장에 나는 다음과 같이 붙여놓았다.

'책은 동네 서점에서 고르고 구입은 인터넷에서 하는 손님은 정중히 거절합니다.'

아무 효과가 없을 걸 알면서도 이렇게까지 해야 하는지, 어떤 때는 그걸 바라보고 있으면 정말 화딱지가 난다.

어느 날, 문 닫을 시각에 옷을 잘 차려입은 할아버지 할머니가 손자들을 데리고 급하게 들어왔다. 손주들 그림 그릴 도구를 사러왔다며 좋은 걸로 골라달라기에 난 보통 색연필보다 비싸긴 하지만 부드럽고 품질 좋은 색연필과 색칠놀이 책을 권했다. 아이들은 잡다한 다른 것도 골랐는데 전부 합해 38,000원이었다. 아이들 할아버지는 작은 가게에서 이만하면 많이 사줬다고 생각했는지 잘 해달라는 말을 내게 했다. 그건 깎아달라는 말이었다. 난 내가 정한 대로 3%만 빼드리겠다고 말했다. 계산기를 두들겨보니 1,140원이었다. 난 마지막 손님이고 놓칠 뻔했던 손님이어서 1500원을 깎아드리겠다고 말했다. 그런데 아이들 할아버지는 500원을 더 깎자며 내게 36,000원만 지불하는 것이다. 할아버지는 "그깟 500원 더 깎는데 뭘~"이라고 말했다. 처음에 난 그렇게는 곤란하다고 했는데, 할아버지의 의지가 너무 강해 더 항변하면 사려던 물건 다 내려놓고 그냥 나갈 기세였다. 결국 손님의 뜻대로 했는데 그건 36,000원에라도 팔아야 한다는 절박함 때문이었다.

별안간 아내에게 험하게 굴었던 기억이 떠올랐다. 아내가 쉬는 날 가게를 잠시 봐주었는데 내가 자리를 비운 사이 아내가 붓을 사러 온 손님에게 붓 가격을 잘못 계산했던 일이었다. 아내는 일반 붓 가격이 아닌 함부로 쓰는 막 붓 가격으로 계산을 치른 것이다. 더해보니 3500원을 덜 받았는데 그때 난 흥분하며 아내를 얼마나 타박했는지 모른다. 내가 천 원 2천 원을 벌려고 얼마나 기를 쓰는지 알지 않느냐, 어떻게 그런 실수를 할 수 있냐며.

얼마나 나는 참을성 없고 속이 좁은 남편인가. 깎아달라는 2천 원은 쉽게 포기했으면서 누구 말마따나 그깟 3500원 때문에 아내를 핍박했으니 말이다.

자영업자들은 공룡들과 싸울 맷집이 없다. 언젠가 완전히 부서질 것을 알면서도 망연자실 바라볼 도리밖에 없다. '나는 아니겠지.' 하며 요행에 맡겨도 보지만, 누구도 어떻게 될지 장담할 수 없다. 이런 위태로운 삶을 언제까지 이어가야 할지 답답할 뿐이다.

# 자영업은 최후의 방편

가끔 가게에 들러 볼펜, 칼, 투명테이프 같은 걸 사가는 아파트경비원 한 분이 계신다. 계산을 마치면 바로 가시곤 했는데, 그날따라 내게 뭔가를 말하고 싶어 했다. 난 기다렸다.

"난 내 직업이 좋소. 월급은 보험료 중 자부담을 빼면 140만 원 조금 넘는데, 한 달에 보름 쉬고 내 나이에 이 정도면 괜찮은 거 아니요?"

그는 자기보다 젊은 친구들은 180만 원까지도 받는다며 물어보지도 않은 말까지 했다.

한 달 중 절반만 일하고 그 정도. 경비실이 집 같지는 않겠지만 이젠 밤새울 필요도 없고. 그의 말을 듣자 난 좀 어지러워졌다. 평소 같았으면 그러시냐고 호응하는 선에서 그쳤겠지만 그날따라 질투심 비슷한 감정이 몽글몽글 일어나며 가슴 한편이 쓰려왔다. 물론 그가 내게 무슨 잘못을 해서는 아니다. 그는 현재 박봉의 처지를 일절 내색 않고 기쁘게 받아들이고 있었으니 어떤 면에서는 배울 점이 있었다.

최근 언론에서 일부 몰지각한 아파트주민의 잘못된 행동 때문에 마음고생이 심한 경비원들에 대한 뉴스가 심심찮게 보도된 바 있다. 보통 시민의 상식으로는 도저히 이해하지 못할 극소수 주민의 '갑'질에 사람들은 분노했고, 경비원들의 입장에서 공감하려는 성숙한 시민의식을 보였다. 아파트에서 자발적으로 이어진 경비실에 에어컨 달아주기 운동도 그런 차원이 아닌가 싶다. 그런데 이 양반은 성격이 괄괄하고 호탕해 아파트 주민하고도 큰 트러블 없이 잘 지낼 것 같은 인상마저 풍겼으니 그와 내 처지를 대비하자 갑자기 나의 모든 것이 초라해졌고 그의 모든 것이 부러워졌던 것이다. 냉정하게 말해 부러워할 만한 직업은 아닌데, 한 달에 절반을 쉬는 것도, 사람들의 우호적인 태도도, 전기세 걱정할 필요 없는 에어컨도, 겨우 살아갈 만큼의 월급조차도, 거기다 임대료 걱정 안 해도 되니 요즘 자영업자들의 열악한 상황에 비하면 우월한 환경이 아닌가.

중소기업에 다니는 후배가 내게 이런 말을 했던 게 기억난다. 선배님이 부럽다며, 박봉인 자기 처지가 서럽고, 선배님은 윗사람의 통제를 받을 필요도 없으니 얼마나 자유롭냐는 것이다. 난 철딱서니 없는 후배에게 직구를 날렸다.

"넌 뉴스도 안 보냐. 딴 생각 말고 그 자리나 잘 지켜. 그것 말고는 없어."

후배는 내 말을 귀 기울여 듣는 것 같지 않았다. 난 짐작했다. 후배 회사에서 좋지 않은 일이 있었으리라. 예컨대 조직 생활을 하다 보면 종종 그런 일이 벌어지듯 동료나 상사와 갈등이 있었을지 모른다. 아니면 최근 TV에서 접한 자수성가한 사업가의 성공담에 마음을 빼앗겼을 수도 있다.

두 가지 모두 직장을 그만두고 싶어 하는 요인으로는 충분하다. 직장생활에서 마음이 떠버리면 주변의 어떤 충고도 안 먹힌다. 십중팔구는 나중에야 땅을 치고 후회하지만 당장 그 자리에서는 어떤 이야기도 귀에 안 들어온다. 하지만 그 대가가 너무 커서 나는 직장을 그만두고 싶다는 말을 들을 때면 마치 내 일인 것처럼 경악을 하고 뜯어말린다.

탄탄한 회사에 다니던 지인 한 분이 직장 상사와 다투었던 모양이다. 그분은 나와 술자리를 하면서 이렇게 말했다. 더러워서 직장생활 때려치워야겠다고. 난 지인의 팔을 잡고 진심을 담아 말했다. 더러워도 다니시라고. 밖은 전쟁터니 조금이라도 안전한 곳에 머무르시라고. 못된 인간들이야 어디나 있지 않느냐고. 나의 온갖 설득에 지인은 알았다고 말했는데, 그로부터 몇 년 후 회사에서 근속년수가 많은 직원들을 대상으로 명예퇴직 신청을 받았던 모양이다. 나는 이때도 지인에게 무조건 버티라고 충고했다. 그 뒤로 지인은 오지로 발령이 났는데 회사만 보고 평생 일했다면서 회사에 대한 서운함을 감추지 못했다. 그러면서 넌지시 나를 보며 말하는 것이다.

"나도 자영업이나 해볼까. 모아둔 돈도 있고, 한번 해보고 싶은 것도 있는데…."

나는 지인의 말을 무시하며 종전의 충고를 반복했다.

"형님, 그래도 그냥 다니세요. 해외지사에 발령받았다고 생각하세요. 오지면 오히려 편할 것 같은데."

지인은 결국 회사를 그만두었는데 그로부터 한참 후 만났을 때 보니 사표 낸 걸 후회하는 기색이 역력했다. 난 퇴직금 다 날릴 수 있으니 자영업 같은 건 생각도 말고 어떻게든 취업 자리를 알아보라고 했다. 그는 나보다 두 살 위였지만 기술을 가지고 있어서 나보다는 여건이 유리했고 그 점을 나는 강조했다. 지금 그는 재취업에 성공해서 훨씬 작은 회사지만 잘 다니고 있다.

직장생활을 하다보면 당장 그만두고 싶어지는 일들이 비일비재하게 발생한다. 일 자체가 힘든 건 두 번째 이유이거나 아무런 문제가 안 된다. 대개 첫 번째 이유는 동료와의 의견 다툼, 무례한 후배, 야박하고 안하무인인 상사, 이기적인 기업문화 같은 사람관계나 인식의 차이 때문에 빚어진다. 업무 능력을 의심받고 진급에 누락되고 따돌림을 당할 때도 사직의 유혹을 심하게 받는다.

직장생활이 힘들거나 적성에 맞지 않아 자기만의 일을 하고 싶다는 젊은 친구들 이야기도 간간히 인터넷을 떠돈다. 실적 경쟁에 치이고 사람에게 시달려야 하는 영업직이나 현장직이 다수로 보인다. 역시 동료들과의 부조화도 큰 이유가 된다. 어떤 친구는 끝을 보고야 말겠다는 회식문화와 술 좋아하는 상사를 성토하기도 한다. 앞날이 구만리 같은 사람들이 비자발적으로 원치 않는 곳에 억매일 수밖에 없다면 타당한 불만들이고, 다른 희망을 찾아 떠나고 싶을 것이다. 이들의 퇴사를 종용하듯 용기 있고 자유로운 삶을 살라는 무책임한 조언을 하는 사람들과 책들도 이들을 부추긴다. 우린 아직 젊으니 급여에 매이지 말고 하고 싶은 것을 찾아 나서자는 것이다.

하지만 말이다. 안타깝게도 우리 사회에는 그들의 희망을 너그럽게 받아줄 안전망이 구축되어 있지 않다. 모험적인 삶을 살아도 좋고, 작은 월급에도 개의치 않아도 되는 든든한 사회라면 얼마나 좋겠는가. 사람들에게 더 이상 시달리지 않고 소신 있게 혼자만의 길을 개척해도 최소한의 인간적인 생활이나마 보장된 사회라면 얼마나 좋겠는가 말이다.

그렇다면 그런 상황에서 어떻게 하면 좋겠냐고 내게 조언을 구한다면 역시 난 다시 생각해보라고 말할 수밖에 없다. 그게 맞으니까.

한 가지 더 있다. 배고파도 좋으니 퇴사해서 내 일을 하겠다, 어쩐다, 다 좋다. 하지만 적게 벌고 적게 쓸 그 용기를 나이 먹어서까지 끝까지 지켜낼 수 있을 것인지도 우린 스스로에게 진지하게 물어봐야 한다. 나이를 먹으면 거의 다 변한다. 정말이다. 부양가족까지 딸려 있다면 최저생활비 자체도 만만치 않은 규모임을 알고 크게 절망하게 된다. 우린 나약한 인간이기에 녹록치 않은 현실들이 우리의 호기와 희망을 꺾어놓는다.

그럼에도 불구하고 변함없이 초심을 유지할 수 있다면 자유롭게 살아보는 것도 괜찮다. 한 번 사는 인생인데 분명히 우리 주변에는 자유로운 영혼이 있고, 그들에겐 그렇게 할 권리가 있다. 그들의 용기에 진심으로 박수갈채를 보낸다. 하지만 회사를 그만두고 싶은 사람 전부에게 해당되는 이야기는 아니다. 극히 일부 사람들의 이야기이다. 스스로에게 반드시 그리고 심각하게 물어봐야 한다. 나는 극히 일부에 들어가는 사람인가?

잘 모르겠다면 당신은 아니다. 그러니 모험에 투신하는 어리석음을 범하지 말자. 다만 자신에게 이렇게 용기를 주어야 한다. 지금 직장이 맘에 안 들고 힘들지 모르지만 어떤 건 시간이 해결해 줄 것이며, 오히려 안전한 환경에서 새로운 희망을 꿈꿀 수 있으니 낙담은 아직 이르다며.

살벌한 생존경쟁의 현장에서 뚜렷한 대안도 없는 감정적 결정은 자기 삶을 저 밑바닥으로 내던지는 것과 다름없다. 난 사표를 던질 결단을 내리기 전, 한 번이라도 퇴사하려는 이유가 되었던 사태나 사람의 입장에서 상황을 되돌아보길 간곡히 권한다. 상대방 입장이 되어보면 잘잘못이 수정되기도 하고 그 입장이 이해가 되면서 원만하게 정리가 되기도 한다. 무엇보다 정공법을 권한다. 꼬인 인간관계는 당사자와 대면하여 인간적으로 푸는 게 정석이다. 정말 아무렇지 않게 풀어지기도 한다.

하지만 말이다. 정말로 나쁜 상사나 막 돼먹은 동료도 분명히 있다. 사회생활을 하는 데 사람 스트레스보다 더한 것이 있을까. 만약 지금 회사가 아무리 생각해도 아니라면 차라리 이직을 고민할 일이다. 혹여 창업을 염두에 둔다면 심사숙고해야 하며, 그래도 창업해야 하겠다면 충분한 시장조사와 퇴직 전 대부분의 창업 준비를 마쳐서 오래 노는 일이 없도록 해야 한다.

다음 도표는 경제협력개발기구(OECD) 회원국의 자영업 비중을 국가별로 비교하여 보여주고 있다. 그림을 보면 2015년 우리나라의 자영업 비중은 21.4%로 OECD 국가 중 네 번째로 높다. OECD 평균 14.8%보다도 현저히 높은 비율이다. 하위권인 일본과 비교하면 거의 세 배 가량 높아 우리나라 자영업자의 비율이 과도한 상태임을 여실히 증명하고 있다. 이는 월수입이 백만 원도 안 되는 자영업자가 부지기수일 수밖에 없음을 입증하는 자료이기도 하다. 한마디로 대한민국 자영업자의 대부분은 아파트 경비원보다 못하고 언제 잘릴지 알 수 없는 최악의 비정규직이다.

**자영업 비중 국제 비교**　　　　　　　　　　　　　(단위 %)

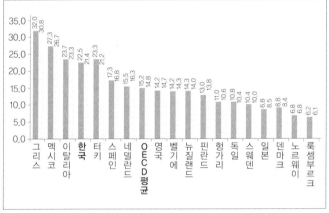

주 : 취업자중 무급가족 종사자를 제외한 자영업자의 비중

자료 : OECD 데이터를 바탕으로 국회예산정책처에서 작성

　수요 위축, 내수경기 부진, 대형 매장의 수요 과점, 인터넷 판매, 자영업자의 과포화. 사정이 이런 데도 자영업계로 뛰어들겠다는 건 파이 갈라먹기 게임에 숟가락 하나 더 보태겠다는 선언에 다름이 아니다. 새로운 수요를 창출하는 게 아니라

이미 존재하는 다른 자영업자의 수입을 또다시 나누자는 것이다. 그건 함께 망하는 길이다.

게다가 자영업자 대부분은 공휴일에 쉬지도 못한다. 자영업자의 2/3 이상은 여름휴가도 못 간다. 그렇게 일하고 있는데도 벌이가 형편없다. 그러니 다시 생각하고 다시 생각해보아야 한다. 한때 자영업은 금수저로 향하는 또 다른 길이기도 했지만, 이제는 아니다. 누군가는 크게 성공하기도 하겠지만 그 확률은 엄청나게 낮아졌다. 자영업으로 성공하려면 통찰력과 남다른 전략과 부지런함에 더해 이제는 행운까지 따라야 한다. 앞으론 아마도 행운이 성공요인 중 가장 클지도 모르겠다.

물론 자영업을 하면 좋은 점이 한 가지는 있다. 가게를 구워먹건 삶아먹건 누가 뭐라 할 사람이 없다는 점이다. 내가 직원이자 사장이니까. 돌이켜보면 나도 20년 이상을  직장생활하면서 개인적으로 상사에게 받은 스트레스가 적지 않았다. 잘한 일이건 못한 일이건 직원은 한계가 있을 수밖에 없고, 인간적인 문제 때문에 많이 힘들었다. 동료들과의 관계도 마찬가지다. 하지만 그런 것들도 먹고사는 일이 순탄치 않게 되면 배부른 투정에 지나지 않음도 뒤늦게 알았다.

대한민국에서 자영업 진출은 최후의 방편이어야 한다. 첫 취업이건 재취업이건 발바닥이 마비될 때까지 일자리부터 알아보고 도무지 방법이 없을 때 선택하는 최후의 수단이어야한다. 취업은 몸 하나로 의식주의 모든 것을 해결하지만 자영업은 몸은 물론이요, 자본까지 투입되기 때문에 위험도가 취업에 비할 바 아니다. 그럼에도 불구하고 자기사업을 하고 싶어 견딜 수 없다면 다음 물음에 정직하게 답해야 한다.

첫째, 상업적으로 발휘하고 싶은 기량이나 노하우를 보유하고 있는가? (남다른 영업력이나 친화력도 기량이고 노하우다.)

둘째, 해볼 만한 독특한 아이템을 갖고 있는가? (그 아이템은 수요에 기반 해야 한다.)

셋째, 위치 좋은 곳에 점포를 둘 능력이 되는가? (목 좋은 곳에 입점할 자본력을 말한다.)

세 가지 물음 가운데 한 가지 이상에 "그렇다."라고 대답하기 바란다. 꿈이 있는가? 목표가 확고한가? 절박한가? 따위의 형이상학적 물음은 모두 헛소리다. 실질적이고 실리적이어야 한다.

# 정책 한 줄이 생사를 가른다

　한해가 가고 스승의 날이 또 찾아왔다. 하루 행사지만 예년 같았으면 학생들이 주로 사가는 품목들이 올해는 한개도 팔리지 않았다는 충격적인 사실. 단 한 개도 말이다. 품목이라 해봐야 천 원, 2천 원짜리 카네이션이나 3500원짜리 감사 배지, 500원~천 원 하는 축하카드 정도인데 올해는 스승의 날 임박해서 헐레벌떡 뛰어 들어와 남은 거 없냐고 물어보는 사람도 없다. 갈수록 경기가 나빠지는 게 피부로 느껴져 작년 판매물량보다 조금 적게 준비해 놓았는데도 왠지 뒤통수를 얻어맞은 기분이었다. 팬시용품을 취급하는 대형 매장도 스승에게 선물할 만한 품목들을 상당량 구비해놓았을 터인데 보나마나 그들도 스승의 날 특수를 그대로 날렸을 것이다. 이른바 '김영란법'의 후폭풍이다.

　'김영란법'의 정식 명칭은 '부정청탁 및 금품 등 수수금지에 관한 법률'로 부정청탁 대상 직무와 적용대상자, 금액까지 세부적으로 규정하여 부정청탁의 길을 원천봉쇄한 획기적인 법률로 평가된다. 그동안 부정한 거래와 검은 돈이 끼친 사회적 피해와 악영향은 계량화하기 어려울 만큼 크고 광범위해서 깨끗한 사회를 열망하는 다수 국민에게 충분히 박수를 받을 만한 법률이라 하겠다. 예컨대 학부모된 입장이라면 매년 학교행사가 있을 때마다 선생님께 선물을 하느냐 마느냐로 전전긍긍했는데 이제는 그런 일로 스트레스 받을 일이 없어졌으니 관계없는 내가 봐도 개운하기 그지없다. 선생님들도 한결 마음이 편해졌을 것이라 생각한다.

그럼에도 자영업자 입장에서 아쉬운 게 있다면 법의 실시로 자영업계에 미칠 악영향과 그에 따른 대책도 당국에서 자상하게 챙겨주었으면 좋지 않았을까 하는 점이다. 요컨대 평소 매출에 큰 타격이 미치지 않도록 근본적인 대책을 강구해주면 더없이 감사하겠지만 문구업계를 예로 들어 사소하게는 '김영란법'이 스승의 날에 금지하는 내용들을 문구업과 팬시업계 종사자에게 사전공지만 해 줬더라도 팔지는 못했을망정 적어도 카네이션을 무더기로 준비하는 사태는 막을 수 있었을 것이다. 이 카네이션은 고스란히 장기재고가 되었고, 생화生花를 준비했던 사람들은 당장의 금전적 손실을 입었다. 사회정의 실현을 위해 필요한 제도와 법은 꼭 만들어서 강력히 추진해야 한다는 데는 전적으로 동의하지만 그 후폭풍에 휩쓸려갈 사람들의 경제적 타격이 오히려 정의실현에 역행하는건 아닌지도 살펴보면 좋겠다는 말이다.

어떤 이들은 국가에서 세세한 부분까지 어떻게 다 챙기느냐며 그런 건 당사자들이 알아서 해야 한다고 주장할지 모른다. 하지만 종일 가게에 붙어 있어야 하는 자영업자가 밥도 제때 못 찾아먹으면서 아무개 법이 언제 시행되고 업종의 생사를 뒤흔들지 아닐지 분석한다는 건 거의 불가능에 가깝다. 매일 뉴스를 접하지 않는다면 남들 다 아는 굵직한 사건사고도 모르고 넘어가는 일이 다반사인 형편이다. 요컨대 나는 이번 장에서 정치인과 행정가들이 주로 책상에만 앉아 입법하고 실행하는 제도들 덕분에 자영업자의 삶이 뿌리 채 흔들릴 수 있음을 다시 문구서점업종을 예로 들어 설명하고자 한다. 그게 무슨 법이든 어떤 업종에 해당되든 서민의 삶에 직간접적으로 영향을 미칠 수 있는 법과 제도는 시행 후 파급효과를 사전에 꼼꼼히 분석하여 재정비한 후 시행하길 간절히 바라는 마음에서다.

학교 앞 문구점들이 궤멸되었다고 표현해도 무방할 만큼의 사태가 발생한 건 앞에서 언급했듯이 학생 수 감소, 대기업 마트, 대형 문구프랜차이즈와 생활용품점, 인터넷 저가판매의 영향도 크지만 가장 결정적인 건 학습준비물 공개경쟁

입찰제도 때문이다.

2012년 한 지자체에서 시작된 '준비물 걱정 없는 학교' 정책은 학부모들의 시간적 경제적 부담을 덜어 줄 목적으로 실시되었다. 다시 말하자면 학교준비물을 학교에서 입찰로 일괄 구매하여 학생들에게 무상으로 지급하겠다는 취지의 제도이다. 십 년 전을 떠올려 보라. 학교 수업에 필요한 준비물 때문에 아이도 부모도 등교 때마다 얼마나 땀들을 뻘뻘 흘리며 부산을 떨어야 했는지를. 나의 경우를 봐도 아이들이 초등학생 시절, 엄마는 말할 것도 없고 아빠까지 동원돼 도화지, 크레파스, 색종이, 색모래 같은 준비물을 학교 근처 혹은 동네 문구점에서 구입하여 아이들 손에 허겁지겁 안겨 보냈던 기억이 난다. 정신없이 바쁜 문구점 주인과 직원들의 모습도 겹친다. 손님들 개인적으로는 몇 천 원에 불과하지만 그걸 사는 학부모나 아이가 한두 명은 아닐 것이요, 며칠 후면 또 그런 손님들이 올 테고, 그런 식으로 학기 중 끊임없이 동네 문구점을 이용해 주었으니 아무리 작은 문구점이라도 먹고는 살았던 시절이다.

그렇게 하루 단위로 구매하는 학습준비물들은 대개 몇 천 원대여서 굳이 대기업 마트나 대형 매장을 방문할 필요가 없는 학교 앞 문구점의 부동의 수입원이었는데, 인터넷을 통한 공개경쟁입찰제도 시행으로 그걸 통째로 잃어버린 것이다.

좋은 취지의 제도임에도 불구하고 다른 한쪽은 사멸의 지경에 처하게 된 것이다.

친구 소개로 문구점을 10년 이상 하신 분을 알게 되었는데, 한때 그분 가게 주위로 문구점이 무려 아홉 개나 되었던 때도 있었다고 한다. 그럼에도 다들 굳건하게 살아갔다고 한다. 지금은 선배 가게만 남고 모두 문을 닫았는데, 본격적으로는 입찰제도가 실시되고 나서부터의 일이고 대형 할인점들의 저가물량 공세가 폐업을 확정지었으니 동네 문구점들이 박살난 원인이 무엇인지는 분명하다. 그분만 유일하게 살아남은 이유는 그의 가게는 학교 바로 옆이어서 위치가 좋았고, 누구보다 친절했고, 결정적으로는 아침에 가장 일찍 문을 열고 밤에 가장 늦게 문을 닫았기 때문이다. 그는 자신의 모든 것을 희생하고 살아남은 것이다.

그런 그가 최근에 내게 이런 말을 했다. 멀지 않은 곳에 대형 할인매장이 생겨 문구류 판매가 표가 나게 줄었다며 이 장사도 접을 때가 된 것 같다는 것이다. 그렇게 말하는 선배의 얼굴에서는 예전보다 한층 피로감이 쌓여보였다. 하루도 제대로 쉬지 못하고 가족과의 단란한 시간도 포기하고 늦게까지 일한 대가치곤 슬펐고 화가 났다. 어제는 문구점을 앞으로도 계속해도 좋겠는지 무슨 이야기든 하고 싶어 선배의 가게를 다시 방문했는데 100원짜리, 200원짜리 사탕을 파느라고 분주한 선배의 뒷모습이 왜 그리도 처량해 보이던지. 나는 참지 못하고 이렇게 말했다.

"선배님, 이런 거 이제 그만 파세요. 힘은 똑같이 들면서 20원, 30원 남는 장사는 하지 말게요. 이래가지고 언제 쌀값 벌겠어요."


이미 자리를 잡아버린 이 입찰제도는 수긍하기 어려운 부분이 있다. 각 학교에서 입찰에 붙이는 학습준비물의 품목별 기준단가가 소비자가보다 훨씬 낮은 가격에서 시작된다는 점이다. 입찰자들은 그 기준가격보다 더 낮은 가격으로 응찰하니 예산을 절감한다는 명목은 애초부터 문구업자들의 희생을 전제로 한 것이다. 이것은 힘없는 자영업자를 볼모로 한 전형적인 행정편의주의이다.

학습준비물 입찰이 건설업처럼 수 억 수백 억 심지어 수천 억 규모의 입찰도 아니요, 많아봐야 천만 원 이상 되는 입찰인데 벌면 얼마나 벌겠다고 거기에 뛰어들었겠는가. 나랏돈을 절감하고 학부모 부담을 덜어준다는 취지에는 백 번 공감하지만 하필 자영업자들이 참여하는 소액 단위 입찰이 그 대상이어야 하는지 나로선 납득이 안 된다.

그 제도의 최초 지시자와 최초 기안자에게 묻고 싶다.

"그렇게 해도 좋다고 당신들에게 누가 허락하였습니까?"

당사자인 문구업자들의 의견은 들어보았는가, 문구업자들의 삶을 파괴할 지도 모른다는 예상은 안 해보았는가, 입찰이 아닌 다른 방법으로 예산도 절감하고 학부모 부담도 덜고 문구업자도 살 방법은 강구해보지 않았는가도 묻고 싶다.

공생의 길, 어렵고 힘들지만 찾아보면 왜 없겠는가. 그래서 우리는 행정편의주의도 적폐라고 부른다. 한 번이라도 현장을 돌며 관계자들의 의견에 진실로 귀를 열어두었다면 취지도 살리고 피해도 최소화 할 방도를 찾을 수 있었을 것이다. 분명히 말이다.

제도 설계자들이 자영업자들이 받을 피해를 외면한 덕분에 수많은 문구업자들은 하루아침에 생계수단을 잃어버렸다. 그들 아래로는 딸린 식구도 적지 않을 터, 그 피해는 더 컸을 것이다. 벌지 못하는 동안에도 생활비는 필요하고, 이직에 소요되는 비용들, 새로 창업하는 사람들의 경우 금융권 대출 같은 전혀 예상치 못한 부분까지 따진다면 전체 폐업비용은 문을 닫는 차원으로만 끝나지 않는다.

사적인 견해임을 밝히며 지금이라도 두 가지의 보완책을 제시하고 싶다.

첫 번째는 현행 입찰제도의 전면 폐지다. 그 대신에 학교에 책정된 예산을 쿠폰으로 발행해서 학부모나 학생들에게 지급해 학교 앞 또는 동네 문구점에서만 사용하도록 제한하는 것이다. 학부모의 부담을 덜어준다는 제도의 취지도 살리고 작은 문구점들도 돕는 정책이 될 수 있다.

두 번째로 입찰제도의 전면 폐지가 어렵다면 학교에 책정된 예산의 일정부분을 의무적으로 학교 앞 문구점에서 구매하도록 하는 방법이다. 이 방안은 학부모들의 시간적 금전적 부담을 덜어준다는 당초 목적을 훼손하지 않으면서 제도를 존속시키고, 크지 않겠지만 그나마 학교 앞 문구점에도 도움을 준다는 세 가지 명분을 살릴 수 있다. 만약 소액일지라도 학교에서 예산의 일정부분을 매년 학교 앞 문구점을 통해 지속적으로 구매해 준다면 예산절감 협조차원의 할인판매도 얼마든지 가능하다고 본다. 정가로 구매해 주면 더 없이 고맙겠지만 말이다.

도서정가제에 대해서도 할 말이 있다. 현행 도서정가제가 무너진 동네서점의 활성화에 도움을 줄 거라는 말을 들었다. 무슨 근거로 그런 이야기를 하는지 알 수 없지만 동의하기 어렵다. 아이들 학습참고서를 예로 들어보겠다. (동네서점 매출의 상당부분은 학습참고서이므로 예로 삼을 만하다. 그리고 현행 도서정가제는 10% 할인이 가능하고 5% 간접할인까지 추가로 가능하니 엄밀한 의미에서 도서정가제는 아니다.)

학기 초가 되면 학부모나 학생들은 과목별로 참고서를 사간다. 전체 과목과 수학 교재 몇 권을 구입하면 쉽게 10만 원이 넘어간다. 학부모 입장에서 결코 적은 금액이 아니다. 내 가게에서 차로 10분 거리에 큰 서점이 있는데 거기는 한 권의 책도 10%까지 할인을 해 주기 때문에 대부분의 학부모들은 그 서점을 이용하거나 인터넷 구매를 한다. 이런 형편인데 현행 도서정가제가 어떻게 해서 동네서점에 도움이 된다는 것인지 도무지 이해하지 못하겠다. 내 가게를 이용해 주는 학부모나 학생이 있다면 책 한두 권이 갑자기 필요한데 인터넷 주문이나 다른 서점 찾아가는 게 번거롭거나, 근거리에 할인 판매하는 서점이 있는 줄 몰랐거나, 학원에서 단체로 주문하는 경우 말고는 거의 없다. 이런 까닭에 나는 책을 10만 원 가까이 구매해 주는 손님에게는 너무나 황송한 나머지 내가 정한 3-5% 사이에서 생색내기용 할인을 해 주거나, 추가로 노트나 연습장 같은 것들을 서비스로 얹어준다. 올해는 아이들 참고서 판매가 예년에 비해 더욱 줄었는데, 내수경기 부진으로 호주머니 사정을 염려한 학부모들이 할인 판매를 시행하는 대형 서점과 인터넷서점 구매를 대폭 늘린 이유로 나는 추정한다. 거기다 자율학습 강화라는 교육당국의 지침 때문에 많은 학교가 점차 시험을 줄이거나 없애고 있는 실정이라 그나마 참고서로 먹고살던 동네서점을 더 어렵게 하고 있다.

출판사도 판매 전략을 수정할 필요가 있지 않을까. 예컨대 책값이 너무 비싸다고 말하는 사람들이 주변에 꽤 있다. 비싼 정도가 아니라 과하다고 말하는 사람도 많다. 그런 사람들 대부분은 책을 너무 좋아해서 소장하고 싶은데 엄두가 나지 않아 일단 도서관에서 빌려본 후 판단하겠단다. 이렇게 되면 실제 구매로 연결되기가 쉽지 않을 것이다. 출판사의 책값 책정에는 여러 가지 요인이 있겠지만 현장에서 일하는 내가 봐도 과중한 부분이 분명히 있다. 책을 구매할 계층의 소비 여력을 고려하여 책의 재질과 디자인 전략을 달리한 후 책값을 책정한다면 책 판매에 도움이 되지 않을까 생각해 보았다. 출판사도 서점을 일일이 방문하여 서점 주인들을 만나야 한다. 고객의 구매 경향, 요구사항, 책에 대한 인식 같은 실제 상황은 누구보다 그들이 잘 알고 있으니 매출을 올리는 뜻밖의 아이디어가 거기서 나올 수도 있다.

　가게에 들러 책을 한번 볼 수 없겠냐는 사람들이 종종 온다. 오늘 당장은 사지 않겠다는 의사표시이다. 얼마든지 그러라고 한다. 대개는 젊은 친구들이다. 짐작컨대 과외를 하는 학생들로 보인다. 그 친구들은 과외 교재로 쓸 만한 책들을 샅샅이 훑어보고는 "또 올게요." 하며 횡 하니 나간다. 그런 친구들 대부분은 교재로 쓸 책을 동네서점에 와서 확정지어 놓고 실제 구매는 인터넷에서 한다. 그럴 때마다 마음속으론 불쾌감을 넘어서는 까닭모를 우울함과 소외감이 급격히 몰려온다. 그냥 그러려니 해야 되는데 그게 잘 안 된다.

만약 진정한 도서정가제가 시행되고 책값이 적절하게 책정이 된다면 (또는 인터넷서점들의 무료배송 책값 기준이 어느 정도 상향 조정된다면) 동네서점들에게 다소나마 긍정적인 영향을 미칠 수 있을 것으로 본다. 그렇다고 해서 월등한 판매 전략과 충성고객층을 확보한 인터넷서점이나 대형 서점의 위치가 흔들리는 상황은 발생하지 않을 것 같다. 도서뿐 아니라 상거래에서 통용되는 거의 전 품목에서 인터넷거래가 활발한 지금 처음으로 돌아갈 수는 없을 것이다. 나 같은 소매업자로선 인터넷서점과 대형 서점, 동네서점들이 각자 자기 영역에서 먹고사는 일로 괴로워하는 일이 없는 공정한 룰이 만들어지기를 바랄 뿐이다.

이런 조언이 있을 수 있겠다. 참고서를 제외한 일반 서적은 보통 한두 권만 사기 때문에 할인을 해 준다고 해도 멀리 움직이는 게 힘들고 귀찮아 대형 서점을 찾기보다는 가까운 동네서점을 찾지 않겠냐고. 그래서 동네서점들은 판매 전략을 일반 서적으로도 맞춰야 한다고 말이다. 하지만 결정적으로 동네서점은 자금과 공간의 한계가 있어 시중에 출판된 모든 교양서적을 구비할 형편이 안 된다. 손님의 다수는 살 책을 정하지 않고 방문하지 않는 이상 책을 모두 구비한 서점을 찾지, 불완전한 서점을 방문하고 싶지는 않을 것이다. 게다가 요즘 동네서점에서 일반 서적이 안 팔린 지는 꽤 오래되었다. 특히 내 가게가 있는 동네는 나이 드신 분들이 많아서인지 책을 사러오는 손님은 두 달에 한 명 꼴이어서 나는 일반 서적은 주문으로만 처리한다. 이런 식으로는 매출에 하나도 보탬이 안 된다는 사실을 누구나 짐작할 수 있을 것이다.

소매상들이 팔기도 하고, 현금 대신 받기도 하는 상품권에 대해서도 한마디 해야 겠다. 장사를 하려니 상품권 수입이라도 감지덕지해야 할 처지이긴 하지만 상품권을 현금으로 교환할 때 떼는 수수료 5%가 소매상 입장에서는 적지 않다. 액면가 만 원짜리 한 장을 현금으로 교환한다면 500원을 떼므로 별거 아닌 것처럼 보일지 모르나 이게 쌓이면 만만치 않은 부담이 된다. 만약 50만 원어치를 모아서 매도한다면 25,000원이 고스란히 수수료로 나가는 셈인데, 자영업자들에겐 결코 적은 금액이 아니다. 오히려 카드 수수료가 이보다 싸서 현금이 아니라면 상품권보다는 차라리 카드를 받고 싶을 지경이다. 카드수수료에 대해서는 민원이 끊이지 않는데 왜 상품권에 대해서는 누구도 이의제기를 하지 않는 것인지 모르겠다. 이에 대해 상품권 판매업자들은 말한다. 소매상이 팔 목적으로 상품권을 구입할 때 95%에 구입을 하기 때문에 매도할 때 떼는 5%와 상계되는 셈이니 손해가 아니라고 말이다. 어처구니없는 계산법이다. 소매상 입장에서 들어오고 나가는 상품권의 개수가 비슷하다면 그 말이 맞다. 하지만 팔 상

169

품권보다 들어오는 상품권이 더 많으면 어쩌겠는가. 그것도 압도적으로 말이다. 그런 상인들은 상품권으로 인한 손해를 고스란히 떠안아야 한다. 이 공정치 못한 불균형으로 인해 누군가는 앉아서 이익을 보고 있다는 말도 되겠다. 결국 상품권은 소매상이 아무런 반대급부도 없이 상품권 발행업자의 이익을 위해 일방적으로 손해를 감수하며 봉사하는 셈이다. 아무런 대가없이 발행사 대신 팔아주고, 들어온 상품권에 대해 현금으로 잔돈까지 내 주는 상황은 뭔가 잘못되어도 단단히 잘못되었다.

논점에서 벗어나긴 하지만 나는 초등학교와 중학교 시험을 점차 줄이거나 없애는 정책에 대해서도 숙고를 거쳐 시행한 것인지 교육 당국에 묻고 싶다. 참고서를 팔지 못해 억지로 곡해하는 게 아니라 타당한 이유가 있다. 학교에서 시험을 없애거나 다른 활동으로 대체하는 이유는 학생과 학부모의 시험으로 인한 부담과 사교육비 부담을 덜고 개인적인 적성개발과 진로탐구, 체험활동에 치중하는 게 진짜 교육이라고 믿어서일 것이다. 그럼에도 우려되는 건 이 정책은 수능이 살아 있는 한, 상위권 아이들에게 앞으로 더 치고나갈 또 다른 기회가 될 거라는 점이다. 대부분의 아이들이 수능 공부와 멀어져 있는 동안 상위권 아이들은 더욱 눈에 불을 켤 것이기 때문이다. 그렇지 않아도 상위권 아이들과 나머지 아이들의 학업성취도 차이가 갈수록 벌어지고 있고 학벌의 격차와 계층 간 대물림 현상이 심각해지는데 거기에 불을 더 지피는 꼴이 아닐까.

학생들의 자율활동과 진로탐구가 목적한 대로 진행될지도 미지수다. 시험공부를 안 하는 그 시간이 진로탐구 시간의 연장이 되어야 하건만 아마 많은 아이들은 친구들과 스마트 폰을 붙잡고 잡다한 연예계 뉴스, 음악, 영화, 게임 등에 빠져 있을 가능성이 크다. 나중에 수능준비를 안 할 수도 없고, 결과적으로는 상위권 아이들에게 더욱 뒤처지는 계기만 만들어 줄 뿐이라고 예단한다면 지나친 기우일까. 바람직한 취지를 가진 이 제도가 성공하려면 방법은 하나뿐이다. 하지 말아야 할 것들은 모든 아이들이 똑같이 하지 않도록 강제하면 된다. 하지만 그게 가능하겠는가.

내가 주장하는 제도의 후폭풍도 같이 살펴야 한다는 의미는 바로 이런 것들이다. 어떤 제도이건 타당한 목적을 가졌더라도 그것들이 시행됨으로 인해서 타격을 받을 계층은 없겠는지, 발생될 다른 문제와 불합리한 점들은 없겠는지, 모두 들춰내 보완할 건 사전에 보완하고, 문제가 생길 것 같다면 다시 원점으로 돌아가야 하는 것이다. 정책 한 줄이 실무자 입장에서는 추진해야 할 수많은 내용 중 하나에 불과할지 모르지만 그 한 줄 때문에 어떤 집단은 말 못할 고통을 겪고 어떤 집단은 생계가 위협받을 수 있다는 점을 상기했으면 좋겠다.

이것은 문구업종에만 해당하는 이야기가 아니다. 자영업 전반에만 국한된 이야기도 아니다. 국민의 삶을 지탱하는 모든 제도와 법이 그렇게 움직여야 된다고 믿고 있다.

정책입안자들은 이제 밖으로 나가야 한다. 행정서류에 불필요하게 매달리는 시간을 줄이고, 책상에서 일어나 업무의 절반 이상은 현장으로 나가 직접 들어보고 느끼고 함께 부대껴 보아야 한다. 그래야 실효성 있는 진짜 정책이 만들어질 것이다.

# 소득주도 성장정책의 성공조건

직장생활을 할 때는 주말과 연휴를 눈 빠지게 기다렸는데 자영업자가 된 후로는 연휴가 무서워졌다. 연휴의 혜택을 톡톡히 보는 특정 업종과 특정 지역을 제외하면 연휴에는 대부분의 자영업 매출이 평일에 비해 곤두박질치기 때문이다. 연휴가 되면 사람들은 살던 동네를 벗어나 소비를 하거나 쌓였던 피로를 집에서 잠자는 것으로 푼다. 소매업을 하는 나의 경우 연휴 매출은 평소 매출의 1/3 아래로 떨어진다. 심지어 1/5 토막이 나기도 한다.

2017년에는 연휴가 유독 많았던 데다가 정부가 추석연휴 사이에 낀 날을 임시공휴일로 지정하는 바람에 소상인들의 시름은 더 깊어졌다. 정부는 임시공휴일 지정은 내수 진작을 위해서라며 소상인들을 어리둥절하게 만들었는데 도대체 그 수혜자가 누군지 나도 궁금하다. 추석이 포함된 10일 연휴기간은 평일 매출의 1/5도 감사해야 할 만큼 최악이었다. 나는 추석 당일만 빼고 계속 가게 문을 열었다. 발 뻗고 쉴 수 없는 형편인데 일을 나서도 보람이 없어 상대적 박탈감만 맛본 하루하루였다. 게다가 연휴에는 카드 결제 대금도 들어오지 않는 통에 가용현금이 줄어 더 죽을 맛이었다.

국민에게 충분한 휴식을 주겠다는 그 따뜻한 마음을 왜 모를까. 하지만 자영업자들은 못내 서운하다.

해마다 쏟아지는 퇴직자들, 만만치 않은 재취업, 과포화 상태조차 넘겨버린 자영업자 수, 경직된 소비심리, 될 만한 동네라면 물불가리지 않고 점포개설과 확장에 여념이 없는 대기업과 대형 매장들, 소비자들의 대형 매장 이용행태 고착화 등 이런 상태가 앞으로도 계속될 듯해 누구라도 우리나라 자영업의 미래는 암담하다고 예상하기 어렵지 않다.

헤아릴 수 없이 복합적인 이유들이 엉기고 엉켜 우리나라 자영업 일반이 파산 직전에 몰려 있다는 나의 주장은 결코 과장이 아니다. 그런데도 사람들은 지금 이 순간에도 꾸준히 자영업시장으로 밀려오고 있다. 한참 일할 나이인데 놀 수도 없고 달리 방법이 없다는 것이다. 폐업하는 사업장이 늘어나는 형국인데도 나는 절대 아닐 거라며 주먹들을 불끈 쥐어보지만 정말이지 그들은 치킨게임에 합류한 것 이상도 이하도 아니다. 한번 돌아보라. 정부의 공식 통계조차도 경고하고 있지 않은가. 우리들 중 절반 이상은 나가떨어질 거라고. 언제까지 이 미친 확률게임에 가진 모든 걸 던지고 질질 끌려다닐 것인가. 알고도 당하는 이 미련한 행진을 언제 그만 멈출 것인가. 대한민국 자영업을 살릴 방법은 끝내 없는 걸까. 자영업자 평균이 적정한 매출을 유지하고, 빚에 허덕이지 않아도 자식들 다 키워내고, 쉬어야 할 때 쉬어도 약간의 노후준비나마 가능해서 인간적으로 최저 수준 이상의 삶을 영위하면서 살아갈 방도는 정말 없는 것일까.

싱겁게 들릴지 모르겠지만 한 가지 방도는 있다. 즉 지금의 자영업자 수가 대폭 줄어 전체 취업자 대비 적정비율을 유지하면 된다. 그렇게 되기까지 멀고도 험난한 과정을 넘어야 하겠지만 그것 말고 달리 무슨 방법이 있을까. 그렇지 않은가. 현재 자영업 전반이 어려워진 건 과포화와 과잉경쟁 때문이다. 한 집 건너 치킨집이 있고, 같은 걸 파는 샌드위치 가게가 으르렁대며 대치하고 있고, 한 바퀴 빙 돌면 편의점과 커피전문점이 수두룩하다. 소매상이 사라진 동네에 식당만 우후죽순 생기는 이상 자영업 경기가 나아질 수 없는 것이다.

자영업의 적정한 비율 유지는 직장인이 더 많아져야 한다는 의미에 다름 아니다. 거기다 인위적인 퇴직 없이 안정적으로 정년까지 직장생활을 마친다면 자영업 경기는 주기적인 경기침체의 시기 말고는 위축되지 않을 거라고 나는 생각한다. 그 이야기를 이제부터 해볼까 한다. 이것은 경제전문가가 아닌 일개 자영업자 입장에서 바라 본 검증된 바 없는 개인적 의견일 뿐이니 어리숙하고 무지몽매한 대목이 나오더라도 이해해 주시길 부탁드린다. 제안 내용 자체보다도 낙오하지 않으려 발버둥치는 고군분투로 봐주길 바란다.

　기업에 부과하는 세금을 감면해 주고 규제를 완화하고 인력채용 및 퇴출 방법과 시기를 자유롭게 보장하는 등 역대 정부가 친親기업정책을 펼쳤던 표면적 이유로 다음의 한 가지를 들곤 했다. 즉 기업은 정책 수혜에 힘입어 증가한 현금 수입으로 투자에 나서달라는 호소였고, 호주머니가 더 두둑해진 부유층은 적극적으로 소비활동을 펼쳐달라는 것이었다. 기업과 부유층의 소득증대가 소비와 투자 활성화로 이어져 경제가 성장하면 저소득층의 소득도 증대한다는 이른바 낙수효과落水效果이다.
　하지만 그 낙수효과는 이론의 진위 여부를 가려야 할 만큼 처절한 실패로 결론이 난 듯하다. 적어도 대한민국에서는 말이다. 대기업과 부유층의 배는 불려주었지만 저소득층의 생활고는 나아지기는커녕 더 어려워졌기 때문이다. 세계적인 불황과 유례없는 소비심리 위축 때문이라고 진단하는 전문가들도 있지만 수출경기 호조세와 대기업의 현금보유 규모,

심화되는 부의 편중 현상을 보면 호소력은 거의 없다. 나 같은 범부가 봐도 낙수효과는 겉만 번지르르할 뿐 실효성은 의심받기에 충분한 것이다.

먼저 대기업을 보자. 기업은 사상 최고치를 경신하는 현금 보유금액의 순증과 상관없이 불확실한 미래를 대비하기 위해 섣불리 투자에 나서지 않고 있다. 벌 수 있을 때 벌고 충분히 모아둬서 불경기도 대비해야 한다는 것이다. 앞으로는 더 그래야 한다고 그들은 믿고 있는 듯하다. 우리나라 기업들은 IMF 구제금융 시절과 국제금융위기 때를 잘 기억하고 있다. 부실자산과 문어발 확장에 몸살을 앓던 수많은 재벌그룹이 무더기로 쓰러졌던 때이다. 영원한 것은 없다는 역사적 사실을 살아남은 기업들은 똑똑히 목도했다. 자고 일어나면 새로운 상품과 서비스가 쏟아져 나오고 이름도 외우기 어려운 경쟁자들이 추격해오는데 섣부른 투자 하나로 공든 탑이 무너질 수 있다는 두려움이 왜 없겠는가.

경쟁자가 많지 않았던 과거에는 최고경영진의 의사결정이 지금보다 수월했을 거라고 짐작하기 어렵지 않다. 하지만 지금은 그때와 다르다. 예상하기 어려운 수많은 경우의 수와 변수 속에 놓여 있는 기업들은 성공 확률이 높은 투자, 확실한 투자, 그것도 최소한의 투자에 그칠 수밖에 없다고 항변해도 무슨 말을 못하게 생겼다. 반면 기업은 좋은 기회가 포착되면 투자하지 말라고 해도 투자를 한다. 그 말은 정부의 친親기업 정책 때문에 기업이 투자를 확대하는 경우는 그리 많지 않을 거라는 의미이다.

기업투자는 갈수록 자동화 중심으로 재편되고 있다. 전사적 전산화, 사무업무 자동화, 설비 자동화 등의 인공지능과 사전에 설계된 시스템에 의해 상당량의 사무 업무와 생산업무, 유통업무가 기계적으로 일사불란하게 움직일 것이다. 이것은 기업 투자가 일자리 증대로 직결될 거라는 정책입안자들의 안이한 예측을 단숨에 꺾고 무지몽매한 전망일랑 걷어치우라고 촉구하고 있다.

부유층은 어떤가. 입증할 만한 자료를 찾지 못했지만 나는 그들에게만큼은 불경기 호경기가 따로 없다고 본다. 기본적으로 소유한 재화가 풍족한데 경기가 안 좋다고 덜 쓰고 경기가 좋다고 더 소비하겠는가. 경제공황이 도래해 상품공급이 부족한 상황이 발생하지 않는 이상 항상 일정한 수준의 지출을 유지할 거라고 본다. 따라서 부유층의 소득 증대는 낙수효과와 그다지 상관없어 보인다.

이젠 낙수효과보다는 일반 서민의 가처분 소득을 올려 소비를 유발함으로써 경기를 촉발하는 상향식 효과, 이른바 분수효과噴水效果가 주목을 받고 있다. 분수효과는 소득주도 성장론과 맥이 닿아 있다. 서민의 실질 소득이 올라가면 소비가 증대하고, 소비가 늘면서 생산이 증대하고, 수요의 기대감으로 투자가 활발해지면서 고용증가, 임금상승, 경기활성화 등 경제 전반이 좋아진다는 이론이다.

소득주도 성장은 환상이다, 공인된 경제정책이 아니다, 성공전례가 없다는 등의 반대의견에도 불구하고 많은 사람들이 기대하는 이유는 서민들이 그동안 열악한 경제적 처지 때문에 허리띠를 졸라매야 했던 현실을 감안할 때, 소득증대가 소비를 유발할 거라는 예측은 설득력 있게 들리기 때문이다.

정부는 서민의 소득을 올리는 방법으로 비정규직의 정규직 전환, 최저임금 인상, 기초연금 인상, 건강보험의 보장성 강화 등의 정책을 추진 중이고, 일부는 이미 시행 중이다. 그중에서도 비정규직의 정규직 전환에 큰 비중을 두고 있는데 일단 방향은 잘 잡았다고 생각한다. 왜냐하면 그동안 상당수의 가계가 기본생활을 영위할 절대 생활비마저 부족한 실정이었기 때문에 근원적으로 수입이 늘어야 뭐라도 해볼 수 있는 것이다. 비정규직이 정규직으로 전환이 되면 당연히 소득이 올라가고, 그렇게 되면 그동안 생활자금의 부족으로 구매를 미뤄두었거나 구매를 포기한 기본 생필품을 구매할 여력이 있는 선까지 정상적으로 구입할 것이기 때문에 소비가 다소 활기를 띨 수 있다는 가정은 타당하다. 나 같아도 일부는 빚 갚는 데 쓰고, 일부는 소비를 할 거니까.

하지만 추가적인 소비를 어디서 할 것인가가 문제가 될 수 있다. 즉 임금상승분의 상당금액이 구색이 풍부하고 상시 할 인정책을 펴는 대형 판매점에서 소비될 가능성이 커 소상인에게는 별 도움이 안 될 수 있는 것이다. 극단적으로 말해 대기업만 수혜를 입을 가능성이 크다. 그러면 어떻게 해야 소상인에게도 그 혜택이 돌아오게 할 것인가. 그건 나도 모른다. 그건 입법 당국 행정 당국의 관련 실무자들이 할 일이니 제발 잘 연구해 주기 바란다.

신입사원 시절이 떠오른다. 출입구를 향해 일렬로 배치된 책상들. 부장부터 사원까지 창가 쪽부터 직위 순으로 앉아 업무를 보았고 '텅텅' 하고 철제서랍 여닫는 소리가 여기저기에서 들려왔다. 실무는 사원에서 과장급까지 도맡았고 차장부터는 다소 여유를 부렸던 시절. 부장이 되면 주로 결제만 했고, 남는 시간 동안 의자를 좌우로 돌리며 사방을 살폈다. 부서마다 차이가 있겠지만 반나절 동안 신문만 보는 부서장도 많았고, 뒷짐을 지고 이 부서 저 부서 어슬렁거려도 누구하나 타박하거나 눈치 주지 않았다. 부서장 정도 되면 지금까지 회사 발전에 노고가 많았고, 쉬엄쉬엄 해도 괜찮다는 비공식적인 허락이었다. 그때는 회사에 큰 누를 끼치거나 진급누락 같은 사적인 불만으로 스스로 그만두지 않는 이상 끝까지 가는 거였다. 회사에서 청소하시는 아줌마도, 복사실 아저씨도 정규직이었던 그때, 정리해고 명예퇴직 비정규직이라는 용어는 듣지도 보지도 못했던 그때, 그렇게 했어도 회사는 잘 돌아갔다. 지금은 상상조차 할 수 없고 마치 꿈속의 일인 양 아련해지고 말았지만 가끔은 사무치도록 그 시절이 그립다. 우리는 일과시간 동안 열심히 일했고, 필요한 때만 야근을 했고, 상사들은 직원들의 노고에 회식으로 답했는데, 대부분은 억지 참석이 아니라 말 그대로 회포를 푸는 즐거운 시간이었다. 우린 마지막으로 단란주점에서 어깨동무하고 김수철의 '젊은 그대'를 목이 찢어져라 합창했다. 세월은 매섭게 흘러 그때 함께 일했던 사람 중 가장 어렸던 스무 살 여직원은 이미 40대를 넘겼고 대부분 50대, 60대가 되었으니 그때를 돌이켜보면 시리도록 가슴에 허망한 감상만 가득하다.

1990년대 말, 대한민국을 통째로 뒤흔든 외환위기를 예상한 사람은 많지 않았다. 설마가 현실이 되어버린 그때, 총체적 위기였던 그때, 철옹성인줄만 알았던 수많은 기업들이 문을 닫았고 자금난에 허덕였다. 정부는 일단 기업부터 살리고 봐야 한다는 위기감에서 기업 입장에서 법을 개정했다. 많은 직장인들이 비자발적으로 일터에서 쫓겨났고 상당수는 자영업계로 진입했다.

위대한 대한민국 국민은 대의적 희생과 조건 없는 헌신, 어떤 민족도 흉내 못 낼 단결력으로 기어코 IMF 위기를 극복했지만 2008년 국제금융위기 파고에 또다시 휩쓸렸다. 쓰라린 실패의 교훈을 금융체질 강화의 기회로 삼아야 했건만 국가는 비열하게도 국민의 희생을 재차 요구했다. 바야흐로 상시 퇴출과 인력파견 등 자유로운 인력관리의 무한권한을 기업에 허용한 것이다. 그전부터 계약직 채용이 있어왔지만 본격적인 비정규직 양산은 그때부터였다고 나는 기억한다.

문어발식 기업 확장과 과다한 부채 경영으로 기업을 어렵게 만든 오너 경영자들은 그대로 둔 채 애먼 직원들만 희생양이 되었다. 직원들의 희생과 정부의 지원에 힘입어 기업들은 회생하였고, 사상 최고의 실적을 거둔 기업들이 속출했다.

어려운 시절에 상당수 기업들은 직원들을 눈물로 내보내며 약속했다. 회사가 좋아지면 다시 부르겠다고. 하지만 시련기가 지난 후 재기에 성공한 어떤 기업이 실제로 복직을 받아줬는지는 누구도 모른다. 복귀보장각서를 써준 것도 아니어서 법적 효력도 없으니 대충 넘어간 게 분명하다.

난 개인적으로 비정규직의 정규직 전환은 모든 것을 정상으로 돌리는 첫 단추일 뿐이라고 생각한다. 생색을 내고, 엄살을 부리고, 크게 선심 쓰듯 굴 일이 아니라고 생각한다. 먹고 사는 일에 지나치게 매달리지 않아도 되던 시절, 야근을 하지 않아도 회사가 잘 돌아가던 시절, 결혼하면 직장을 그만두고 살림만 해도 상관없던 시절, 좋은 사람들과 즐겁게 근무했던 시절을 우리는 분명히 보냈다. 지금 추진하려는 것들은 단지 그 시절로 돌아가는 것뿐이다. 생전 없던 것을 무리하게 잡아 돌려 시작하는 게 아니다.

그러므로 정규직 전환은 프리랜서나 학생 신분으로 한시적 또는 파트타임으로 근무할 수밖에 없는 근로 형태를 제외한 정규직 수준으로 일하는 모든 비정규직이 그 대상이 되어야 한다. 현 정부의 소득주도 성장정책의 핵심 목표가 서민들의 소득을 늘려 소비를 끌어올림으로써 내수경기를 진작하겠다는 거라면 공공부문 가지고는 분명히 한계가 있을 것이다. 그래야 소득주도 성장정책이 전 방위적으로 작동하여 성공 가능성이 높아질 것이다.

물론 시대가 바뀌었고, 사기업의 영역을 정부가 일일이 간섭하고 통제하기는 어렵다. 풀어줄 때는 언제고 이제 와서 묶느냐며 저항도 뒤따를 것이다. 또한 모든 산업과 업종의 특성을 고려하지 않고 일시에 정규직 전환을 단행해야 한다고 보지도 않는다. 가장 충격이 적은 산업과 업종(그동안 괄목할 만한 기업 실적을 거둔 업종과 가처분 소득의 소비영역에 있는 업종)부터 시작해서 점차 확장해 나가고, 그 방식과 시기를 지금부터 순차적으로 논의하자는 것이다.

한 가지 더 있다. 비정규직의 정규직 전환만 가지고는 한계가 있다. 소득증가분 중 일부라도 시장에 풀리려면 그 돈을 사용할 시간이 있어야 한다. 많은 사무직 직장인이 관행화된 야근에 시달리고 있는 지금 야근문제가 유연하게 정리되지 않으면 소득주도 성장정책에 브레이크가 걸릴지도 모른다.

직장생활을 돌이켜보면 사무직이라도 할 수밖에 없는 야근이 분명히 있다. 또 교대근무가 가능하고 밀리는 주문을 납기 안에 처리해야 하는 생산직이나 특정 분야의 야근은 불가피하다. 또한 생활을 위해서 본인이 지원하는 야근을 막을 수는 없다. 하지만 초과근로수당을 엄밀하게 집행하기 애매한 순수한 관리 분야에서의 야근은 좀 따져봐야 한다. 갑작스런 사태나 경영진의 지시로 분초를 다투는 건에 대해서는 야근을 해서라도 신속히 업무를 처리하는 게 맞지만 다른 기업들이 다 하니까, 경쟁에서 밀릴까봐, 굳이 일을 억지로 만들어서, 상사들 눈치 보느라 하는 야근은 점차 줄여나가다 어느 순간 끊어버려서 정상 출퇴근이 자리를 잡도록 해야 한다.

야근이 관행화되면 일과시간 안에 마칠 수 있는 업무를 의도적으로 늦추기도 한다. 어차피 야근할 건대 빨리 끝내봐야 소용없다는 부정적인 기류가 형성되는 것이다. 빨리 끝내면 다음 과업이 바로 떨어질 테니 시급한 보고가 아닌 이상 의도적인 업무지연은 사실상 막기가 어렵다.

우린 알고 있다. 주어진 업무의 대부분은 집중하면 일과시간 안에 마칠 수 있음을. 오전 10시에 출근해서 오후 5시에 퇴근하는 어떤 회사는 오히려 직원들의 근무의욕과 집중도가 높아 생산성이 더 향상되었다는 사실을 입증했다. 만약 만성적으로 야근을 할 수밖에 없는 업무량이라면 그건 근본적으로 인력이 부족하다고 봐야 한다. 이런 현상은 인력충원을 해서 개인별 업무량을 조정해 주어야 한다.

일반 기업체의 관행적 야근을 법으로 금지하기는 어렵다. 주 52시간 근무 규정에도 사실상 야근이 포함되어 있다. 기업이 사회적 책임을 일정부분 부담해야 하는 법인체라고는 하나 이윤추구가 목적이고, 노동법에 저촉되지 않는 한 업무 방향과 형태, 방법에 대한 결정은 회사의 고유 권한에 속하기 때문이다. 그렇다면 불필요한 야근을 막을 방법이 없는 걸까. 나는 그 해결책으로 야근수당을 일반사무직에게까지 엄정하게 집행하도록 법이 개정되어야 한다고 생각한다.

야근수당은 시간당 급여의 1.5배를 지급하도록 되어 있어 수당 없이 사무직 야근이 일상화된 기업에게는 날벼락에 버금가는 소식이다. 하지만 불필요한 야근이 많고 그날 해야 할 일을 일과시간 안에 종결하도록 습관화하는 게 불가능하지 않다고 우리 모두 솔직히 인정한다면 사무직 야근수당 정상지급 조치는 무용지물이 될 가능성이 크다. 다시 말해 기업에서 불가피한 경우가 아니면 직원들을 정시에 퇴근하도록 할 것이고 하등 문제될 게 없다는 것이다. 그러니까 야근수당 사무직 확대 적용 조치는 기업의 부담을 늘리기 위해서가 아니라 정시 퇴근을 자연스럽게 정착시키기 위한 목적이다. 그렇게만 된다면 어떤 정치인이 공약으로 내걸었던 저녁이 있는 삶이 진짜로 실현되는 셈이다. 물론 사무직이라도 필요한 야근이라면 해야 한다는 데 이의를 제기할 수는 없다. 주 52시간 근무의 법제화에도 그것을 일정 부분 허용하고 있으니까. 다만 전체적으로 계량화 한다면 수많은 사무직 근로자들이 불필요한 야근에서 해방이 될 것이라 믿는다.

현실을 보면 매우 급진적인 제안이므로 정규직 확산 조치처럼 적용대상에 시차를 두는 게 바람직하다. 여기도 산업별, 업종별로 특수하게 고려해야 할 각자의 환경이 있을 테고 준비기간이 필요할 것이다. 우선은 파급효과가 크면서 충격이 작은 업종부터 시작해서 점차 넓혀가야 한다. 그렇지만 전체 업종 확대까지 너무 길게 잡아서도 곤란하다. 소득중심의 경기부양책이 실패하지 않으려면 일정기간 안에 집중해야 한다.

비정규직 중 많은 수가 정규직으로 전환되어 가처분 소득이 늘고, 정시퇴근이 관행화 된다면 정체된 소비활동이 보다 왕성해질 것이라고 전망한다. 증가한 소득 중 얼마만큼 소비활동으로 전환될지 예측하기는 어렵지만 최소한 생활비 부족으로 그동안 구입하지 못하고 미뤄두었던 생필품 구매는 활발해질 것이다. 여가시간을 유용하게 활용하려는 문화 활동의 증가, 사랑하는 가족과 함께 하는 먹거리와 여행 관련 소비증가도 예상된다.

이 정도 가지고 성장을 논하기에는 뭔가 부족하다고 생각될지도 모르겠다. 하지만 소매업 전반과 식당의 경기가 조금씩만 들썩여줘도 일단 시동은 걸린 거라고 봐도 좋지 않을까. 만약 소비활동이 예상보다 왕성해진다면 기업생산과도 직결되니 소득주도 성장정책은 길을 잘 잡아갈 수 있다. 하지만 소득주도 성장정책은 결정적으로 다른 한 가지를 해결해야 순항할 수 있다.

# 상식이 대한민국을 살린다

2017년 3월 기준 우리나라의 가계부채가 1360조 원에 달한다는 뉴스를 접했다. 보도자료에 따르면 이는 국내총생산(GDP) 대비 91%로, OECD(경제협력개발기구) 평균 70.4%보다 20% 포인트 이상 높고, 가처분소득 대비 가계부채 비율은 169%로 OECD 평균 129.9%보다 40% 포인트나 높은 수치이다. 한국은행이 국회에 제출한 자료에서도 2008년 글로벌 금융위기 이후 OECD 주요국의 가계부채는 감소했는데 우리나라만 증가했다고 밝혔다. 국제통화기금도 한국의 가계부채는 구조적인 문제라며 그 심각성을 경고한 바 있다.

가계대출 급증 이유로는 자산증식효과가 높은 부동산 담보대출이 크게 늘었고, 직장 퇴직자들의 자영업 진출에 따른 생계형 대출의 영향도 컸다고 전문가들은 진단한다.

문제는 이것이다. 정규직 전환자들의 가처분소득이 늘고

정시퇴근이 관행화되어 추가적인 소비환경이 충족되어도 소득증가분의 상당부분이 빚 갚는 데 투입될 거라는 점이다.

과거 비정규직이었던 사람들은 정규직보다 소득대비 부채비율이 더 높을 수밖에 없다. 비정규직이라고 해서 정규직보다 부양가족수가 적을 리 없고 기본적으로 소비해야 할 돈은 엇비슷한데 생활자금이 부족하면 빚을 끌어들일 수밖에 없었을 것이다. 예컨대 과거에는 주택담보 대출의 대부분이 주택구입이나 사업자금 때문이었는데 이제는 생활비 충당을 위한 대출이 급증하고 있는 것이다. 그러니 정규직 전환으로 급여가 늘어나는 건 반갑고 감사한 일이지만 그들 입장에서는 발등의 불부터 끄고 보지 않을까 싶다.

야근이 줄어듦으로써 오히려 기존 정규직 회사원들의 소비는 다소 증가할지도 모르겠다. 그렇지만 증가 규모가 두드러지진 못할 것이다. 현재 내수경기 위축은 직장인들이 불투명한 미래에 대한 대비로 소비를 의도적으로 줄이는 측면도 있기 때문이다. 그들은 현금을 안전자산에 쌓아두거나 불패 신화인 부동산 투자를 여전히 유효하게 보고 있다. 직장인들은 이 직장생활을 도대체 언제까지 할 수 있을지 못내 불안한 것이다. 요컨대 우린 비정규직의 정규직화 및 정시출퇴근 정착과 더불어 정년보장 문제도 표면화할 때가 되었다. 이것이 앞 장 끝부분에서 언급한 결정적으로 해결해야 할 다른 한 가지이다.

정년이 보장되면 불확실했던 미래가 투명해져 서민들의 소비심리가 크게 회복될 가능성이 있다. 미래에 획득할 수입을 거의 정확하게 파악할 수 있기 때문에 채무변제계획과 함께 소비 여력의 규모를 추정하기 어렵지 않고, 계획성 있는 소비가 가능해지는 것이다.

자녀 교육비와 같은 필수 지출항목들이 줄어드는 시기부터는 저축이나 연금계획까지 수립할 수 있다. 포기했던 가족여행도 가지 못할 이유가 없다. 이 모든 것이 정년까지 장기적으로 고정된 수입원이 있어야 가능하다. 얼마나 가슴 벅찬 희망인가. 정년까지 받을 안정적인 수입원이 근간이 되어 소비심리가 회복되고 생산이 증가하고 인력채용이 활발해지고 그것이 다시 소비로 이어지는 선순환을 기대한다면 한 자영업자의 무지몽매한 낙관에 지나지 않는 것일까.

그 근거를 제시할 전문지식이 내겐 없지만 활발한 경기순환은 정규직 전환과 정년보장 때문에 늘어난 기업의 인건비를 일정 수준까지 보전해 줄 것이라고 나는 믿는다. 이런 말을 하는 건 틀림없이 우리 기업들은 과중한 인건비와 기업 실적 악화를 호소할 것이기 때문이다.

하지만 2016년 가을 한 지상파 방송사가 보도한 뉴스를 분석해보면 예상되는 기업들의 우려는 설득력이 떨어진다. 뉴스는 국책연구기관의 자료를 빌려 우리나라 대기업의 매출액 대비 인건비 비중이 7%로, 일본의 10.3% 독일의 14.8%보다 현저히 낮다고 보도했다. 우리나라 대기업은 300인 이상 사업체가 대상이기 때문에 일본의 자본금 기준, 독일의 매출액 기준으로 인건비 비중을 다시 잡는다면 실제로는 더 낮을 것으로 자료는 예상했다. 즉 외국 기업과 비슷한 기업 환경이라면 우리나라 대기업들은 인건비를 확대할 여력을 가지고 있다는 의미이다. 이 때문에 우리나라 대기업이 비정규직을 정규직으로 전환하고, 정시출퇴근을 정착하고, 일자리를 더 만들고, 정년보장 문제를 본격적으로 논의해도 무리하지 않을 거라고 보는 것이다.

뉴스는 보고서를 작성한 연구원의 다음 멘트로 보도를 마무리했다.

"대기업의 고용 감소는 외주 확대를 통해 일감 일부를 저임금 기반의 중소기업에 떠넘겨온 데 따른 결과로 우리나라 대기업들이 인건비 부담 때문에 고용을 줄일 수밖에 없다는 일각의 주장은 설득력이 없다."

OECD(경제개발협력기구)가 2017년 발행한 '한눈에 보는 기업가 정신 2017'의 보고서 내용은 앞의 내용을 더욱 뒷받침해준다. 보고서는 한국 대기업의 고용 비중이 전체의 12.8%로 OECD 37개국 중 그리스(11.6%) 다음으로 가장 낮음을 지적했다. 미국 57.8%, 일본 47.2%와 비교해보면 턱없이 낮은 수준이다. 한국 대기업의 총 부가가치 대비 노동자에 대한 보상 비중도 28%로 조사 대상 32개국 중 최하위권이었다.

중소기업의 보상 비중도 마찬가지였는데 이는 대기업에서 중소기업에 적정한 이익을 주지 않았다는 반증으로 볼 수 있는 여지가 있다. 왜냐하면 동 보고서는 한국 중소기업의 노동자 임금이 대기업의 41.3%(대기업의 절반도 안 된다.)로 최하위권임을 보여주었는데 대기업에서 중소기업에 정당한 이익을 보장했다면 그럴 수가 없기 때문이다. 만약 대기업이 하청기업에 적정한 이익을 주었는데도 그런 결과가 나왔다면 누군가가 노동자에게 돌아갈 몫을 제대로 보상하지 않은 것이다.

이 보고서는 세 가지를 시사한다. 우리나라 다수 대기업은 인력을 더 고용할 여력이 있으며, 비정규직들을 정규직화 할 여력이 있고, 중소기업에 적정한 이윤을 보장할 여력이 된다는 점이다. 이로써 우리나라 내수경기 활성화는 공공기관뿐 아니라 대기업의 결단에도 달려 있다고 할 것이다.

그렇지만 우린 두 가지의 장애물을 피할 수 없다. 정년보장으로 인한 인사 적체를 어떻게 해소하는가와 경기는 꾸준히 상승만 하지 않는다는 점이다. 인사 적체는 신규인력 채용의 어려움과 맞닿아 있고 경기 하락은 매출 하락으로 이어져 인력관리 이슈가 또다시 기업경영 전면으로 부상할 가능성이 크다. 요컨대 이에 대한 대비책도 미리미리 만들어두자는 것이다. 독일의 근로시간계좌제를 적극적으로 벤치마킹해야 할 이유이다.

이 제도는 정해진 근로시간을 초과하는 시간외 근로에 대하여 마치 저축을 하는 것처럼 계좌에 담아두는 제도이다. 저축의 개념이므로 시간외 수당을 별도로 받지는 않는다.

하지만 이 계좌의 사용용도는 대단히 유익하다. 개인 사정으로 쉬어야 할 때, 일찍 퇴근해야 할 때, 계좌에서 해당되는 시간만큼 꺼내 쓰면 된다. 저축한 근로시간을 사용하기 때문에 월급은 그대로 지불된다. 축적된 시간이 많다면 급여수급은 그대로 하면서 조기퇴직도 할 수 있다.

이 제도는 불경기 때 그 진가를 발휘한다. 일감이 떨어졌다고 직원들을 해고하지 않고 집에서 쉬게 하면서도 충당된 근로시간을 현금으로 환산하여 급여를 지불한다. 물론 평상시보다 급여는 적지만 해고돼 새로운 일거리를 찾아 헤매는 것보다야 백 배 나을 것이다. 경기는 순환하는 법, 경기가 호전이 되면 당연히 회사로 돌아가 근무현장에 투입이 된다. 독일 전체 기업의 44%, 대기업의 89%가 이 제도를 시행하고 있고 직원들의 만족도도 높다고 하니 만약 일반기업의 정규직 전환과 정년퇴직에 대하여 진지하게 논의할 시기가 도래한다면 독일의 근로시간계좌제에 대해서도 함께 살펴봐야 할 것이다.

일상적인 야근이 줄면서 정시퇴근이 정착되면 사무직에 한해서는 일과시간 근로 중 일정한 시간을 저축하거나 회사나 국가의 지원을 받아 그 비중을 늘려주는 방안도 같이 고려해야 할 것이다. 유급휴직은 사무직도 피할 수 없을 것이기 때문이다. 결과적으로 근로시간계좌제가 시행된다면 직원은 야근수당을 당장 받지 못하지만 장기적으로 회사에 계속 다닐수 있다는 안정감을 가질 수 있다.

근로시간계좌제는 정부가 지정하는 은행을 통해 회사에서 매달 현금으로 바로바로 충당하도록 의무화해야 한다. 혹시 회사가 잘못되어도 근로자에게 불이익이 가지 않도록 하기 위해서이다. 근로자가 휴가로 사용하면 회사가 그 시간만큼 월 단위로 정산하여 환급받으면 된다.

다음으로 인사 적체나 인력재배치 부분은 공공기관이나 국영기업의 사례를 연구해보면 좋을 것 같다. 공무원은 진급을 못해도 정년까지 근무할 수 있으니 그것을 가능하게 하는 인사시스템을 사기업에도 적용할 수 있는지 검토하자는 것이다.

정년보장으로 인한 인사 적체와 신규인력 채용의 어려움을 타계하기 위한 방안으로 임금피크제가 다시금 공론화 될 시점도 되었다. 회사가 직원의 정년을 보장해 주는 대신 직원도 회사의 장기 존속에 도움이 되는 방향으로 사고의 전환이 필요하다. 그것은 청년채용 문제를 원활하게 푸는 실마리가 될 수도 있으니 모두가 조금씩 양보하면서 윈-윈 하는 길을 현명하게 모색했으면 좋겠다.

문제는 중소기업이다. 그것을 감당할 만한 재원이 마련되지 않는다면 중소기업은 정규직화와 정년보장의 가장 큰 피해자가 될 수 있다. 한 중소기업 연구기관에 따르면 우리나라 대기업의 임금은 5인 미만 중소기업 임금 대비 무려 3배라고 한다.(미국은 1.3배, 일본은 1.6배)

이렇게 된 이유는 두 가지 중 하나라고 생각한다. 대기업 임금은 적정한데 우리나라 중소기업의 임금이 너무 적거나, 중소기업이 가져가야 할 몫을 대기업이 적정하게 보상하지 않은 데 따른 격차이다. 지금 필요한 건 이제부터라도 그 격차를 좁혀나가야 한다는 것이다. 내가 신입사원 시절만 해도 중소기업의 임금은 대기업 대비 약 70%~80%였다. 대기업 프리미엄을 감안한다 해도 누구나 큰 불만 없이 인정할 만한 적정수준이었다고 생각한다.

누구나 인정하듯 지금 대기업의 높은 유동성과 급여수준은 중소기업의 희생이 큰 몫을 했다. 예컨대 하도급 단가를 적정하게 올려주지 않거나 오히려 깎아서 원가경쟁력을 갖춘 대기업은 시장을 확대하여 매출을 늘렸거나 최소한 비용

절감 효과로 마진율을 높였다. 따라서 대기업과 중소기업의 임금 격차를 줄일 최선의 방법은 한 가지밖에 없다. 역시 과거로 다시 돌아가는 것이다. 비정규직을 없애고 정년을 보장했던 과거로 돌아가듯 정당한 대가를 중소기업에 지불했던 과거로 돌아가는 것이다. 그렇게만 되면 중소기업도 임금을 올릴 수 있다. 정당한 대가의 증가 규모는 비정규직이 정규직화되고 정년이 보장되는 데 따른 비용 상승분을 커버할 수 있어야 할 것이다.

사실 경기가 선순환 된다고 해도 정규직 전환, 정년보장, 외주비용 인상이 전반적으로 시행되면 기업의 순이익 하락은 어느 정도까지는 감내해야 할 것으로 보인다.

하지만 모든 것을 원래대로 되돌리는 위대한 작업이다. 우린 너무 급하게 달려왔고 주변을 돌보지 않았다. 먹이 앞에서 양보하지 않았고 큰 싸움도 주저하지 않았다. 이 모든 갈등과 괴로움을 끝낼 방법은 모든 경제 행위를 상식대로 되돌리는 것이다. 일한 만큼 보상하고, 가족과 행복하게 지낼 시간을 주고, 미래를 걱정하지 않게 하고, 공정한 룰을 적용하고, 불공정을 시정해야 한다고 주장하는 사람들에게 불이익을 주지 않는 지극히 상식적인 사회 말이다.

상식적인 사회가 되면 자영업자 비율이 적정하게 유지되면서 대한민국 자영업도 자연스럽게 살아난다. 자영업을 살

리기 위한 특단의 대책 마련에 골머리를 썩일 필요가 없는 것
이다. 결국 자영업의 회생은 우리나라 직장인들의 생활이 안
정적이냐 아니냐에 달려 있으니 해결의 출발점은 여기서 부
터이다.

# 상식을 버리고 로또를 샀다

　빌어먹을 자격지심으로 말미암아 사회와 거의 담을 쌓고
사는 내게도 정기적으로 만나는 친구들 모임이 두어 개는 있
다. 그 모임에 나가는 주된 이유는 아무도 서로의 안부를 묻
지 않기 때문이다.

　"사업 잘되지?" "가게 잘돼?" "어떻게 사냐?"

　언젠가부터 이런 질문들이 무의미하다는 걸 알았고, 그때
부터 우린 성숙한 어른답게 굴기로 했다. 즉 마음에도 없는 가
식적인 질문이나 대답은 약속이나 한 것처럼 집어치웠던 것
이다. 대신 우리는 열심히 술만 마셨다. 말하기 싫어하는 나
로선 이보다 좋을 수 없었다. 친구들 중에는 말하지 않으면
경련을 일으키는 친구도 있어서 떠들고 싶은 사람은 떠들게
내버려두었다. 한 번은 내가 순둥이 같은 표정을 하고서 한쪽
구석에서 말없이 술만 마시자 그중 가장 가깝게 지내는 친구

가 내게 물었다.

"어떻게 사냐?"

모든 친구들의 시선이 일제히 나를 향했다. 순서대로 한다면 개인사를 물어서는 안 된다는 불문율을 깨뜨린 친구에게 눈총부터 날려야 마땅했다.

멋쩍어진 나는 술기운을 빌려 단칼에 대답했다.

"되는 대로 산다."

다른 친구가 박수를 치며 그게 정답이라고 말했고, 또 다른 친구가 술잔을 높이 쳐들며 건배를 제의했다. 우린 영문도 모른 채 고무되었고, 각자 술잔을 남김없이 비웠다.

맞다. 지금 나는 되는 대로 산다. 30년 가까이 사회생활을 하면서 나는 얼마나 많은 계획을 세웠던가. 얼마나 많이 생각하고 연구했던가. 학업, 군대, 취업준비, 취업, 이직, 사업, 재취업…. 누구나 거칠 수 있는 단계이지만 그것들 각자의 타당성 여부와 상관없이 최선을 다하려 노력했고, 실행에 옮겼다. '하늘은 스스로 돕는 자를 도울 것이다.'라며 영리한 계산보다는 무식한 몸놀림으로 순간순간 분투하였다. 계획을 세우고 실행을 옮길 때는 마치 그 계획이 성사된 것처럼 들뜨고 기뻤다. 지쳐 잠든 아내의 얼굴을 보면서 "여보, 이제 마음고생 더 안 해도 될 거요."라는 말을 수도 없이 반복했다.

하지만 세상에 쉬운 일은 하나도 없다는 사실을 알기까지는 무척 많은 시간이 걸렸다. 어떤 사람은 그런 사실을 빨리 알아차려서 현실로 금방 돌아오기도 하던데 난 무슨 미련이 남았는지 무던히도 기다리고 기다렸다. 당연하게도 그중 상당 부분은 나의 판단착오와 무지 때문이었고 또 어떤 부분은 실패를 용인하지 않는 사회의 편견도 있었다. 이제 와서 잘잘못을 따지는 건 무의미하고 그래서 나는 되는 대로 살아간다. 그래도 이때까지 그래왔듯 앞으로도 열심히는 살 것이니 운이 따르면 감사할 일이요, 아니어도 별 수 없다.

자영업 경기 활성화를 위한 국가의 대책들을 우리는 만났고, 지금도 만나고 있다. 그런 정책들이 만들어지기까지 관계자들끼리 토론하고 설득하고 싸우기를 무수히 반복했을 거라고 믿고 싶다. 우리가 모르는 숨겨진 사연들도 많을 것이다. 하지만 미안하게도 나는 그것들의 실효성 여부를 논하는 건 아무 의미가 없다고 생각한다. 관련 정책들이 자영업자의 사기를 올리고 재정적으로 약간의 도움은 줄 수 있을지 모르나 자영업자 수가 줄어 평균소득이 올라가지 않는 이상 어떤 정책도 자영업자 일반의 삶을 근원적으로 나아지게 하기는 어렵다고 보기 때문이다. 그렇다고 국가에서 형식적으로라도 자영업 대책을 만들지 않을 수도 없으니 내가 봐도 답답한 노릇이다.

어떤 사람은 말한다. 왜 자영업자 당신들의 삶을 국가가 돌봐줘야 하냐고. 알고 보면 당신들도 먹고 살기 위해 그 바닥으로 나간 거고, 결국 당신들 개인사정이 아니냐고. 이에 자영업자가 답변한다. 우리나라 자영업 현실은 한두 명의 문제가 아닌 국가적인 문제가 될 만큼 심각해졌다고. 개별적으로 열심히 뛰어도 안 된다면 다른 어딘가에 문제가 있지 않겠냐고. 무슨 원인이 있지 않겠냐고. 그래서 국가가 나서줘야 된다고. 자영업 경기가 살면 나라 전반의 경기에도 도움을 줄 거라고. 그 사람이 다시 말한다. 어디든 사정이 있기는 다 마찬가지라고. 힘들면 당신들도 취업하라고….

어딜 봐도 뾰쪽한 대안이 없는 답답한 현실뿐, 그래서 나는 되는 대로 살아간다.

이젠 좀 더 회의적인 말을 해야 겠다. 내가 공들여 피력한 그 모든 제안들을 순식간에 무위로 돌리는 이야기들이다.

나는 앞에서 그럴 자격과 지식이 없음에도 국가의 정책을 말했고 대한민국의 상식을 말했다. 사적 영역까지 포함한 전 부문에서의 정규직화, 정규직채용 의무화, 불가피한 상황을 제외한 정시퇴근의 정착, 결정적으로는 정년이 보장된다면 시간이 다소 걸리겠지만 자영업이 자연스럽게 되살아날 거라고 말했다. 즉 직장에서 강제로 퇴직하는 사람이 줄면 자영업자의 수가 적정해지면서 모든 게 상식선으로 수렴할 것이라고 감히 진단해 보았다. 재차 강조하지만 직장인들의 회사

생활만 안정된다면 자영업 대책이 따로 필요가 없는 것이다.

아울러 평균수명이 점차 길어지고 있어 우린 언젠가는 정년 연장에 대해서도 공론화해야 할지 모른다. 정년 연장은 저출산과 고령화사회를 슬기롭게 극복할 현실적인 방안도 되지 않을까 생각해보면서. 아울러 자영업 시장도 좀 더 활기를 띠지 않을까?

여기에 한 가지만 더 보탠다면 골목상권을 살리기 위한 법제화이다. 소상인에게 적합한 업종이나 품목을 면밀히 살펴 대기업이 침범할 수 없도록 지독할 만큼 확실히 규제하는 것이다. 전면 규제가 어려운 업종이나 품목은 판매방식을 검토하여 소상인의 영역에서도 팔 수 있는 여지를 주는 방안도 얼마든지 고려해볼 수 있다.

정리하자면 안정적인 직장생활로 자영업자의 수가 적정선에서 유지되고, 소상인 적합 업종을 강력하게 보호한다면 자영업이 살지 못할 이유가 없다.

우린 이 작업들이 매우 고단하고 시간도 많이 필요하리란 걸 안다. 절차와 협의 과정을 무시하고 당장 시행할 수 없다는 것도 안다. 소상인을 보호하기 위해 기업의 고유활동마저 침해할 소지에 대해 우려의 목소리가 있을 거라는 점도 짐작하고 있다. 그래서 지금부터 조금씩 시작하자고 말했다. 차근차근 무리가 없는 부분부터 숨통을 터주자고 말했다. 그럴 때가 되지 않았는가. 20년 전부터 지금까지 국민들은 줄곧 희생만 했고 그에 힘입어 기업은 회생하였다. 오히려 기업들은 더 강한 체력으로 귀환하였다.

이제 과거보다 더 좋은 시절은 못 만들더라도 최소한 본래 자리로 돌아가야 되지 않겠는가. 그런 식으로 꼬인 문제들을 하나둘 풀어가다 보면 시간은 금방 지나가리라. 요컨대 10년 후, 대한민국의 경제구조 전반이 민주적으로 운용되면서 모두가 골고루 잘 살아가는 모습을 기대하지 못할 까닭이 없다.

하지만 사실 나는 이 모든 것들에 대해 매우 비관적이다. 현재의 고단한 삶을 잠시 접어두고 밝은 미래의 가능성과 희망을 염두에 두며 고심했던 여러 가지 개인적 생각들을 공들여 적었지만, 지금 우리나라 정치를 보면 과연 그런 험난한 여정을 시작할 수 있을지 심히 의심스럽다. 내가 두서없이 밝힌 무지한 제안들을 두고 하는 말만은 아니다. 전문가들에 의해 수립된 현실적이며 실현 가능성이 높은 제안일지라도 그것들이 이 나라에서 길을 잘 잡아갈 수 있을까. 이것은 우리가 마땅히 품어야 할 희망과 낙관을 일시에 무너뜨리는 회의적 비관론이다.

일례로 우린 불과 일 년 전 정부의 예산안 심의에 국회의원들이 대거 불참하면서 어렵게 안건을 통과시키는 한심스런 모습을 목도한 바 있다. 예산안의 진위 여부를 따지자는 게 아니다. 그들은 기본이 되어 있지 않았다. 그게 바로 이 나라 정치인들의 모습이다. 항상 그랬다. 그럴 것 같지 않은 사람들도 그렇게 하고 있는데 원래 그런 사람들은 오죽이나 하겠는가.

선한 국민들 대다수는 그들에게 국가와 국민에게 봉사할 수많은 기회를 주었다. 하지만 그들은 자신들의 안위와 이익, 명예를 지키는 데만 급급해 왔다. 정치적인 이해관계 때문에 뒤로 밀려난 수많은 민생법안들을 보라. 정치적 사안에는 촉각을 곤두세우고 밀고 당기기를 거듭하면서도 본인들 세비 올리는 데는 그토록 신속하게 모여 일사천리 통과시키는 모습만 봐도 우린 알 수 있다. 회기 중 국회의 비어 있는 자리에 대해 심각하게 이의를 제기하는 사람도 없고, 하다못해 출석률에 대비하여 수당을 계산해야 한다는 지극히 상식적인 주문조차 없다. 그들은 한마디로 게으름을 피우는 이익집단이며 직업 정치인들일 뿐이다.

한 가지 예를 더 들어보겠다. 서민들이 주택이나 가게 보증금을 회수하지 못하고 전셋집이 경매에 넘어가는 사례가 이 나라에선 허다하게 벌어진다. 확정일자라는 안전장치가 있지만 선순위에서 밀리면 보장이 안 된다. 그럴 경우 서민들은 힘들게 모은 재산을 몽땅 잃고 거리에 나앉거나 또 다른 빚더미에 앉아야 한다. 만약 이 나라 정치인들이 그런 서민들의 고충을 온전히 인식하고 있다면 애초 전세 계약을 할 때 집주인의 전세권 설정을 강제하거나 그게 어렵다면 전세보증금 보장보험 가입을 의무화하는 등 보증금을 떼일 가능성을 원천적으로 제거해 줄 법안을 못 만들 까닭이 없다. 그러니까 정치인들이 마음만 먹는다면 정치적인 사안과 별개인 서민들을 위한 실효적인 법안들을 얼마든지 만들 수 있다고 생각한다.

하지만 보라. 그렇게 하고 있는지. 도대체 매일 뭘 하느라 그렇게 바쁜 건지 늘 궁금하다. 많은 사람들이 임대차 관련 법안이 이 핑계 저 핑계로 온전히 제정되지 못하는 건 그들의 이권이 직간접적으로 걸려 있어서 그런 거라고 의심을 받아도 싸다. 그렇게 믿고 싶지 않지만 그게 맞다면 이건 보통 문제가 아니다.

물론 선한 사람도 보인다. 불의에 저항하고 할 말을 하고 국민 편에 서려고 노력하는 사람들 말이다. 하지만 그들은 극소수이고 힘도 약하고, 엄청난 공격을 받기도 한다. 결국 그들은 자기 이익을 두고 주판알을 튕기는 거대한 힘 앞에 굴복하고 말 것이다. 그들 중 어떤 사람은 기성정치인처럼 변하고 말리라.

주변을 한번 둘러보라. 서민들의 생활이 나아진 게 있는지. 예컨대 힘을 하나로 모으기 어렵고, 자기들의 미래에 도움이 안 되는 자영업자를 그들은 힘써 대변하거나 약속했던 것들을 제대로 지킨 적이 없다. 선거홍보물을 꼼꼼히 살펴본 적이 있는가. 소상인들을 위한 공약은 아예 없는 경우가 허다하고 어쩌다 있다 해도 두루뭉술하기 짝이 없다. 그것도 표를 의식해서 선거 때만 형식적 수준의 관심을 가질 뿐이다. 우린 그들에게 혈세를 집행할 권한을 주었지만 다수 국민의 삶은 황폐해졌다. 아주 오래 전부터 그래왔는데 더 무엇으로 그들의 직무유기와 무기력을 증명해야 할까. 정의롭고 힘이 있는 한 두 사람이 강력한 의지를 갖고 있다 하여도 다양한 의견이 존중되어야 하는 사회에서 소수의 힘만으로 이토록 굳건한 장벽을 무너뜨리기는 쉽지 않을 것이다. 사회에 만연한 문제의 대부분을 정치가 풀어가야 한다는 믿음을 갖고 있지만, 우린 아직 아닌 것 같다.

앞으로도 정치인들의 절대다수는 결코 서민의 편에 서지 않을 것이다. 그들은 늘 마음을 졸이며 살아야 하는 소시민의 진짜 마음을 알지 못하며, 알고 싶어 하지도 않는다. 자신의 이익을 놓고 끊임없이 저울질하다 적당한 선에서 타협할 것이며, 소신 있어 보이는 사람들조차 관행의 힘에 눌려 변변한 자기 목소리도 내지 못할 것이다.

그래도 그들은 걱정하지 않는 것 같다. 서민들 다수는 말 잘하고 뭔가 할 것처럼 보이는 사람들을 또 다시 뽑아줄 테니까. 안타깝지 않은가. 뽑아달라는 사람이나 뽑아주는 사람이나 아직도 정신을 못 차리고 있다.

사실 우리는 자신들을 뽑아달라는 그들에게 앞으로는 이렇게 물어봐야 한다. 당신을 뽑아주면 내가 좋아지는 게 뭐냐고. 그렇지 않은가. 과거에는 사람들의 희생이 따를망정 나라의 혹은 지역의 큰 그림을 그려주는 사람이 필요했을지 모르지만 어느 정도 큰 그림이 그려졌다고 보는 지금은 시민 개개인의 디테일한 일상을 해결해 주는 사람이 절실한 것이다.

그럼에도 내가 투표를 하는 이유는 오직 한 가지 때문이다. 좋은 사람을 뽑아야 한다는 열망 때문이 아니라 최악의 인물이 뽑혀서는 안 된다는 최소한의 시민 된 도리 때문이다. 진정으로 좋은 사람이 당선되게 할 기술적 묘안이 강구되고 이런 것들이 실제 행동으로 옮겨지지 않는다면 우리나라 자영업처럼 우리나라 정치도 희망이 없다고 나는 감히 말하겠다.

언젠가는 우리나라 자영업도 좋은 날이 오리라고 본다. 무엇이든 바닥을 때리고 올라가게 마련이니까. 그건 정치 덕분은 아닐 것이다. 그때가 언제쯤일지 아무도 모르지만 저출산과 맞물려 갈수록 인구가 줄어들고 있으니 취업난도 줄어들 테고, 직장인 비율이 올라감에 따라 자영업자도 자연스럽게 줄지 않겠는가. 물론 빚을 청산하지 못하고 안전지대 밖으로 추방된 자영업자 수도 상당하리라고 본다. 끝까지 버틸 여력이 되는 자영업자만 살아남는 것이다.

하지만 그때부턴 조직생활이 맞지 않는 사람에게도 희망

이 보일 것이다. 구멍가게일지라도 자기만의 일을 좀 더 안정적으로 꿈꿔볼 수 있을 테니까. 더 이상 자영업은 최후의 방편이 아닐 테니까 말이다. 그런 날이 오기를 바란다.

기왕에 말이 나왔으니 한마디 더 보태고자 한다. 나는 개인적으로 현재의 저출산 현상을 양극화에 대항하는 지극히 자연스러운 교통정리 과정이라고 보는데, 장차 대재앙이라도 올 것처럼 주변에서 너무나도 민감하게 보는 게 흥미롭다. 예컨대 전례 없는 취업난에다 향후 인공지능의 발달과 폭발적인 자동화 추세에 따라 일자리가 갈수록 줄어들 거라고 예측하고 있으면서 왜 그토록 출산율을 올리려고 애쓰는지 이해하기가 어렵다. 양극화도 해결하지 못하면서 어쩌려고 그렇게 무책임한 발언들을 하는지 모르겠다. 이 모든 현상에는 다 그만한 이유가 있어서 그런 것이니, 그 원인들을 근본적으로 제거하지 못할 거라면 그냥 놔두면 될 일이 아닐까? 또한 전반적인 기계화와 자동화는 인당 생산성을 크게 올리지 않을까? 세수입稅收入을 엄청나게들 걱정해서 하는 소리다.

어쨌거나 큰 어려움 없이 살아온 어른들이 힘들게 살아야 할 젊은이들에게 출산을 강요하는 건 편파적이고 이기적이다. 만약 우리 사회가 지금보다 평등해지고 먹고사는 문제로 고통 받는 사람들이 획기적으로 줄어든다면 출산율은 그냥 놔둬도 자연스럽게 올라가게 될 것이다.

한 가지 더! 가혹한 추측이지만 인간들의 무지막지한 난개발로 인한 생태계 파괴와 기후변화가 지속된다면 지구는 필히 환경적 재앙을 면치 못하게 된다. 이미 경험하고 있듯이 인간이 자연재해를 피할 방도는 사실상 없다. 예컨대 폭염이 지구를 달구고, 쓰나미가 닥칠 걸 사전에 알아낸다고 해도 피해를 최소화할 방책 마련 말고는 궁극적인 대비책이 없다. 인간은 만능인 듯 보이지만 자연 앞에서만큼은 무기력하기 짝이 없는 것이다. 그런 암울한 시대로 출산율 제고라는 미명하에 고귀한 생명들을 무수히 내보내는 게 옳은 일인지 우린 재고해 보아야 한다. 상위계층이야 괜찮겠지만 국가권력으로부터 보호받지 못하고 방치되는 사람들도 부지기수일 터, 그 사람들이 부모와 정부를 향해 왜 우릴 태어나게 했느냐고 말한다면 뭐라고 답할 것인가. 운에 기대야 하는 어둡기 짝이 없는 미래, 셀 수 없이 많은 낙오자들, 난 그런 게 더 걱정이 된다. 지금 부족한 점들에 대하여 무조건 조급해 하기보다 책임감 있는 성찰과 검토가 필요하다.

어쨌거나 지금으로선 대한민국 자영업자들은 알아서 살아가야 한다. 우린 전쟁터의 한복판에 서 있지만 위험지역을 돌파할 전략도, 작은 힘들을 하나로 모아줄 유능한 지휘관도 없다. 앞날이 어떻게 될지 전혀 알 수 없는, 말 그대로 각자도생各自圖生이다. 스스로 대책을 만들고 부지런히 캐내고 뛰어

다니며 어떻게든 버텨야 한다. 행운이 따라줘 오름세를 타는 사람도 있겠지만 정말이지 모든 자영업자들의 건투를 빌 따름이다.

어떤가. 되는 대로 살아간다는 나의 모토가 이제 이해가 되시는지. 내가 생각하는 상식은 아직 저 멀리에 있다.

1년 전부터 꾸준히 로또를 구입하고 있다. 처음 살 때는 왜 그렇게 창피했는지 모르겠다. 서둘러 사서 도망치듯 나왔다. 하지만 이력이 붙으니 지금은 하나도 부끄럽지 않다. 로또를 파는 아줌마에게 더할 나위 없는 미소를 지으며 차분히 주문하는 수준까지 이르렀다. 이렇게 말이다.

"자동으로 다섯 개요."

나는 아내에게도 한 번 사보라고 권했다.

"올해 좋은 일 있다고 했다면서. 이거 아닐까?"

아내는 창피해서 어떻게 사느냐고 손사래를 친다. 난 완곡한 어조로 다시 말했다.

"한 번 사고 두 번 사면 괜찮아진다오."

뭔가 골똘히 생각하던 아내가 말했다.

"내가 산 로또가 1등에 당첨되면 아무에게도 말 안 할 거야… 당신한테도."

내가 눈을 동그랗게 뜨며 아내를 보자, 그녀는 뭐가 그리도 재미있는지 혼자서 깔깔대며 웃었다.

  매주 5천 원의 투자. 지금까지 제대로 맞춰본 적이 없다. 확실히 여긴 인간의 영역이 아니다. 그럼에도 내가 로또를 사는 건 희망 때문이다. 그건 당첨에 대한 희망이 아니다. 누구도 앞날을 알 수 없다는 건 두려움이지만 희망이나마 가질 수 있으니 내겐 그 징표가 필요할 뿐이다. 당첨이 되든 안 되든 비틀거리는 내게 아주 작은 힘이라도 되어 준다면 그것으로 족하다.

# 전직 자영업자를 추천합니다

　모 기관에서 추진하는 소상공인 지원사업 공고문을 보았다. 요즘 같은 때 소상공인 지원이라면 나는 무조건 봐둔다. 혹시라도 내게 필요한 지원책이 있을지도 모르기 때문이다. 결과 여부를 떠나 컨설팅을 적절히 활용했듯 나는 지금보다 수익을 올릴 방법이 있다면 무엇이든 도움을 받아볼 생각이다.

　그 사업공고문은 소상공인의 준비된 창업, 안정적 성장과 원활한 재기를 지원한다는 내용인데 훌륭한 목적을 가진 사업임에도 불구하고 해당사업은 청년일자리를 창출한 소상공인에게 집중 지원한다는 부분에서 나는 실망했다. 실업문제가 심각한 만큼 일자리를 만드는 소상공인을 집중 지원하겠다는 목표는 잘 설정한 것 같은데, 그 대상이 꼭 청년이어야 하는지 의문이 들었다. 폐업한 소상인들이나 실직한 가장들, 더 구체적으로는 아버지들도 일자리가 필요하긴 마찬가지이기 때문이다. 어떻게 보면 아버지들의 일자리가 청년실업보다 더 시급한지도 모른다. 전가족의 생계가 아버지에게 달려 있기 때문이다. 청년일자리 문제가 워낙 심각해서겠지만, 사회적 이슈에 지나치게 매이지 않는 실질적인 정책 추진이 아쉽다.

다음으로 든 걱정이 있다면 정책의 실효성 측면이다. 과연 소상공인이 운영하는 사업장에서 오래 일하려 하는 청년이 몇이나 되겠는가 하는 점이다. 사업의 필요성과 합당한 취지에도 불구하고 안정적인 일자리를 갈망하게 만드는 열악한 현실들이 우리 사회에 상존하는 한, 이 사업은 초창기 실적 쌓기에만 급급할 가능성이 높다.

얼마 전 사업을 하는 동문 한명이 친구들에게 한꺼번에 문자를 날렸다.

'○○업무, 경험 있는 젊은 친구 소개바람.'

하루는 그 친구를 술자리에서 만났을 때 얼큰해진 내가 친구에게 다짜고짜 이렇게 말했다.

"나는 어떻게 안 되겠냐? 시키는 대로 다 할게. 일단 한 번 써봐. 부담 없는 인건비로 생산성을 극대화할 절호의 기회란 말이다."

따발총처럼 지껄이는 내게 친구는 "너도 사장이잖아." 하며 웃기만 했다.

난 정색하며 말했다.

"농담 아닌데? 잘 생각해봐. 길게 보면 나처럼 나이 먹은 사람이 더 나을 걸."

물론 농담이었다. 친구 밑에서 직원으로 일한다는 게 어떤 건지 나는 알고 있고, 가급적 지인의 회사에서는 일하지 말자는 게 나의 지론이다. 그런 말도 있지 않은가. 사람 잃고, 시간 버리고. 하지만 길게 보면 나처럼 나이 먹은 사람이 더 낫다는 견해는 진담이었다.

작거나 영세한 사업장은 청년들의 장기근속을 기대하기 어려워 업무의 연속성이 떨어진다. 기껏 가르쳐놓았는데 개인사정을 이유로 회사를 떠나는 일이 비일비재하다. 그 개인사정이란 거의 대부분이 더 나은 회사로 이직하는 것이다. 다른 사람에게 똑같은 업무를 처음부터 다시 가르쳐야 하는 것처럼 피곤한 일이 또 있을까. 그것도 사업주 입장에서는 비용 낭비다.

청년취업에 포인트를 맞춘 정부의 지원책과 상관없이 대개의 사업주들도 젊은 친구들을 선호한다는 점은 이해한다. 빠르고, 힘 있고, 최신 정보와 지식에 강하기 때문이다. 처음엔 시키는 대로 말도 잘 들을 것이다. 사무실 분위기를 젊게 만들고도 싶다. 그래야 사업이 잘 될 것만 같다. 젊은 친구들도 취업이 어려워 당장에는 "시켜만 주십시오. 열심히 하겠습니다." 하며 굳은 다짐을 보인다. 하지만 마음은 콩밭에 가 있는 게 현실인 걸 어쩌랴. 그 친구들도 알고 있다. 나이를 먹을 수록 근무여건이 더 나은 곳으로 취업하는 게 점점 어려워진 다는 사실을. 난 작은 사업장에서 일하는 청년들 얼굴에서 그런 조급함을 자주 본다.

나이 먹은 사람들이 젊은 사람들보다 힘이 부족하고, 날렵하지 못함은 어쩔 수가 없다. 증거는 없지만 젊은 사람들이 최신 지식을 더 많이 가지고 있을 수도 있다. 하지만 그것들 말고 또 뭐가 있을까? 그것들이 제일 중요한 거라고 말한다면 할 말이 없지만 나이 먹은 사람에게는 젊은 사람들이 가지지 못한 삶의 경험치가 있다. 그 경험치는 직장생활 곳곳에서 알게 모르게 순기능으로 작용할 거라는 게 나의 믿음이다. 다시 말해 나는 작은 사업장들은 충성도가 떨어질 수밖에 없는 젊은 인력 채용에 너무 애태우지 않았으면 좋겠다는 말을 하고 싶다. 색안경을 벗고 조금만 시선을 넓혀보면 부담이 크지 않은 비용으로 속 끓이지 않고 좋은 인력을 만날 수 있는 것이다. 이런 가볍지 않은 이유들 때문에 정부의 지원도 청년취업하고만 연관을 짓지 말아야 한다.

나는 특별히 이 사회에서 쓴맛 단맛 다 보고, 실패의 경험을 가지고 있는 자영업자를 추천한다. 더는 버틸 수 없어 자영업을 그만두려는 사람들도 추천한다. 어렵게 살아본 사람들은 그렇지 않은 사람보다 현실을 더 잘 알고 있고, 그래서 겸손하고, 옳바르게 처신하는 행동에 익숙하다. (물론 안 그런 사람도 있지만 확률적으로 그렇다는 것이다.) 게다가 실패해본 사람은 성공의 방법은 모르지만 실패하지 않을 방법은 알고 있다. 요즘과 같은 때 성공보다 중요한 건 실패하지 않는 것이다. 그러니까 그들은 남은 인생을 어떻게 보내는 게 현명한 것인지 알고 있고, 사장이나 다른 직원들과 큰 불화 없이 지내며 필요한 때 적절한 조언을 한다든지 어려움 속에서도 스스로 버티고 설 자정능력을 갖추고 있다는 게 나의 생각이다. 조직생활에서 가장 스트레스 받는 부분이 인력관리인데 사업주와 인사실무자에게 이보다 더 중요한 포인트가 있을까?

사실 전문지식이라고 불리는 것들의 상당부분은 특정 분야를 제외하곤 큰 의미가 없다. 회사에 들어가서 새로 배우는 일들이 태반이기 때문이다. 조직이 사람을 구하는 데 있어 무엇보다 중요한 건 직원 각자의 인성과 성실함이다.

결론적으로 앞에서 말했던 국내 자영업자 비율이 전체 취업자 대비 적정선을 유지하고, 직장인의 비율이 더 높아져야 자영업 경기가 살아날 거라는 주장은 폐업하는 자영업자들을 직장으로 잘 유도해야 한다는 의미도 담고 있다. 그리고 그들이 안정적으로 직장생활을 할 수 있도록 소득주도 성장정책을 이끌어 가는 제반 법규들의 동일한 적용이 따라야 할 것이다. 그들을 채용한 사업장이 재정적인 피해를 보지 않도록 필요한 지원책도 같이 강구되어야 함은 물론이다.

사업주들의 전향적인 사고의 전환이 있다고 해도 청년들도 취업하기 힘든 상황에서 현실적으로 쉽지 않을 거라는 우려가 있을 수 있겠으나 그것은 사업장의 규모, 일의 성격, 업무의 강도, 업종의 특성에 따라 다를 거라고 본다. 예컨대 생산직과 물류 단순노동직의 상당부분은 여전히 일손이 부족하다고 한다. 그런 업종을 사람들이 피하는 이유는 힘들고, 위험하고, 안정적이지 못하기 때문이다.

나이 먹은 사람들에게도 그건 마찬가지다. 일이 필요하고 당장 먹고살아야 한다고 해도 선뜻 결정하기 어려운 부분이다. 하지만 같은 업종이라도 덜 힘들고 덜 위험하고 더 안정적인 곳이 있다면 어떨까. 그래도 사람들이 무작정 피하고 볼까? 예를 들어 좀 더 안정적이고 쾌적한 환경을 가진 사업장 정보를 모아 취업을 희망하는 사람들에게 원활하게 전달할 수 있다면 취업현장의 미스 매칭을 상당부분 해소하지 않을까 조심스럽게 예측해본다. 그런 사업장은 이직 확률이 낮고, 나이가 있는 사회경험자들에게 충분히 고려대상이 될 수 있고, 사업주도 지속적인 업무흐름을 보장받을 수 있다. 아울러 힘들고 위험하고 안정적이지 못한 사업장은 국가에서 꾸준히 계도하고 지도 감독하고 지원할 수 있는 부분은 지원을 해서 안전하고 쾌적한 사업장으로 바꿔지도록 한다면 그 효과는 더 높아질 것이다. 그것은 결코 불가능한 일이 아니다.

자영업자들도 용기를 가졌으면 좋겠다. 직장생활 경험이 있는 사람이라면 덜 하겠지만 평생을 자영업에만 종사했다고 직장생활을 두려워할 필요가 없다. 사람은 적응의 동물이니 시간이 모든 걸 해결해 준다. 그건 분명하다.

잘 모르겠다면, 무엇보다도 앞으로는 돈 들어갈 일 없이 몸 하나로 모든 것을 해결할 수 있으니 몸과 마음이 보다 홀가분해졌다고 스스로를 격려해 주었으면 좋겠다. 더구나 주말과 공휴일을 맞아 생전 누려보지 못했던 달콤한 휴식시간을 가질 수도 있지 않은가. 큰 욕심 부리지 않고, 할 수 있는 일을 찾아 나서고, 국가는 전직 자영업자들이 안전하게 직장생활을 할 수 있도록 필요한 지원을 해 준다면 소득주도 성장정책이 정착하는 데도 적지 않은 보탬이 될 것이라고 믿는다.

자영업자에게 묻고 싶다. 혹시 당신은 좋은 날이 올 거라며 무모한 이자율을 감당하면서까지 대출에 의존하고 있지 않은가. 가게 입구에 잔뜩 던져져 있는 대출광고지에 그전보다 자꾸 눈길이 더 가고 있지 않은가.

그런 지경까지 갔다면 나는 당신에게 자영업을 그만두고 직장을 알아볼 것을 정중하게 권하고 싶다. 그게 생산직이든 버스기사든 차라리 그게 더 낫다면 말이다. 그 판단은 오직 당신만이 할 수 있을 것이다.

# 사랑하지 못해도 미워하진 말자

　나도 별 수 없는 인간이기에 화가 끓어오를 때가 있다. 까닭 없이 조롱받고 무시당한다고 느꼈을 때 그렇다. 그럴 때마다 어디 한번 해보자고 오기를 부렸다. 사람들은 그걸 장점이라고 말하지만 내 가슴 한쪽은 무너져 있었다.

　때론 우울증이 심해지기도 한다. 타인의 고통을 개의치 않는 사람들에 대한 분노와 삶에 대한 의구심이 증폭되었을 때 그렇다. 내던지고 싶지만 그럴 때마다 난 전의를 다졌다. 사람들은 그걸 장점이라고 추켜세우지만 그 말이 나를 더 아프게 했다.

　집에서 아내와 술 한잔을 기울이며 친구들을 원망한 적이 있다.

　"내가 문구점 하는 거 알면서 사무용품 한 번 구매해 준 적이 없어. 다들 그럴 수 있는 자리에 있잖아. 하다못해 친구 가게가 어떻게 생겨먹었는지 와보는 사람도 없어."

아내가 나를 달래며 말했다.

"무슨 사정들이 있었겠지. 그렇게 생각해. 나이 먹으면 감感이 떨어지잖아."

"그게 아닐 걸? 솔직히 내가 잘나가는 자리에 있어도 그랬겠냐고."

"잘나가는 자리에 있었으면 문구점도 안 했겠죠~ 그러니 거기서 끝."

그래도 난 멈추지 않았다.

"나 같으면 그랬겠냐고."

그런 내게 아내가 이렇게 말했다.

"당신은 친구들에게 평소에 잘했어?"

아내의 말에 난 눈만 껌벅거리고 있었는데 그녀가 마저 말했다.

"친구라고 다를 게 있어? 다 베푼 만큼 돌아오는 거야. 그게 세상 이치야. 아직도 몰라?"

나는 겨우 항변꺼리를 찾아 아내에게 반박했다.

"후배 ○○ 있지? 그 후배 개업할 때 그 친구가 나에게 뭘 잘해서 내가 물건 팔아주고 그런 거 아니야. 사람 사는 게 그런 게 아니잖아."

아내의 한숨이 깊어졌다.

"해 준 걸로 만족해. 그럼 된 거야."

곰곰이 생각해보니 아내 말이 틀리지 않아서 난 그만 입을 다물었지만 그렇다고 서운함이 가시진 않았다. 도리어 아내에게도 섭섭함이 남는 것은 왜였을까? 대범하지 못한 남자라는 이유 말고는 적당한 변명이 떠오르지 않았다.

하루는 가게의 전기배선을 점검해 주러 동생이 왔다. 동생은 고맙게도 본업을 미뤄두고 형을 돕기 위해 달려왔다. 작업에 열중하던 동생이 갑자기 내게 말했다.

"형이 제일 힘들게 산다고 생각하는 건 아니겠지?"

뜬금없는 동생의 말에 나는 영문을 모르겠다는 표정을 지으며 말했다.

"무슨 소리를 하시는가. 내가 아우한테 형이 사는 거에 대해 뭐라고 한 적 있나."

"그건 아닌데… 그래 보여서."

그때 동생에게 왜 그렇게 서운함이 느껴졌는지…. 동생은 형이 어떻게 사는지, 왜 그렇게 사는지 우여곡절을 잘 모를 텐데. 매일 가게에서 어떻게 생활하는지 세세히 지켜본 것도 아닌데. 눈물이 핑 돌았다. 아마 내가 가족모임에서 서로의 안부를 물어보다 가끔은 사는 게 힘들다, 아이고 허리야, 하며 하소연하던 모습들을 보이기도 했을 텐데, 만약 형의 그런 나약한 모습을 그렇게 확대해석한 거라면 너무 앞서 나갔다고 동생에게 말해 주고 싶었다.

　당연히 나보다 힘들 게 사는 사람들이 더 많다. 매일 건설 현장에서 일하는 동생 입장에서 보면 새벽부터 한기를 맞아 가며 몸으로 모든 걸 견뎌야 하는 소위 노가다가 세상에서 제일 힘들게 산다고 생각할 수도 있다. 하지만 누구든 각자 상황에서 가장 견디기 힘든 순간들이 있는 법이고, 객관적인 기준과 상관없이 그들 각자의 입장은 존중받아야 하지 않을까. 쉽게 말하자면 형도 사는 게 힘들다는 말을 동생에게 하고 싶었다.

　그럼에도 동생으로서는 그렇게 말할 수도 있음을 나는 이해한다. 동생은 형의 용기를 북돋아 줄 목적으로 그렇게 말했을지도 모르니 만약 그랬다면 내가 한 수 아래인 셈이다.

　내 입장에서 일방적으로 말했지만, 정도의 차이가 있을 뿐 내가 사람들에게 받았던 아픔들은 아마 나도 다른 사람들에게 가했을 것이다. 우린 서로에게 너무 무심하고, 자기생각만 하고, 상대의 사정을 건성으로 듣고, 잘 알지도 못하면서 적대적인 감정에 쉽게 빠져들지 않던가. 상대를 배려하는 듯 하지만 자기 입장에서 끊임없이 무언가를 주입하려 하고, 당신은 내가 아픈만큼 많이 아프지 않을 거라 단정하고, 다른 사람과 은근 비교하고, 애써 원망하는 감정에 즉시 사로잡히지 않았던가. 그렇다고 자신의 안위를 진심으로 걱정하는 것도 아니다. 자학하고, 비관하고, 아무렇게나 방치한다.

　뾰쪽한 수가 없는 이 모든 상황들, 그러므로 나는 나를 끓어오르게 하고, 우울하게 하고, 서운하게 만드는 모든 걸 있는 그대로 담담히 받아들이려 한다. 그것이 무엇이건 사랑하지 못해도 미워하지는 말자는 심정으로 말이다.


　지금 자영업계에도 폭탄 돌리기가 있다. 자영업의 몰락을 확신하는 사람들이 자영업을 할 수밖에 없는 사람들을 타깃으로 가게를 적정가치 이상으로 처분하고 있는 것이다. 타깃의 상당수는 사회적 약자들이다. 지금 이 순간에도 언제 터질지 모르는 폭탄들이 이 사람 손에서 저 사람 손으로 넘어가고 있다.

　폭탄 돌리기의 주역들은 없는 사람일수록 더 갈망한다는 걸 잘 알고 있는 것 같다. 상대의 욕망과 약점을 교묘하게 파고들어 온갖 감언이설로 무거운 짐을 떠넘긴 후 유유히 사라진다.

　그들은 말한다. "결정은 당신이 한 거요."

　나쁜 사람들이 떠난 자리에서 없는 사람들끼리 매일 피 튀기는 생존경쟁을 벌인다. 정가 5천 원짜리 물건을 4천 원으로 내려치고, 다른 가게에서 내리니 또 내리고, 출혈경쟁 때문에 마진이 줄어 팍팍해진 생활고를 견디지 못한 자영업자들은 더욱 거칠어지기만 한다. 이런 판국에 다른 쪽에서는 상생을 들먹이고 있으니, 우습지 않은가?

하지만 거기에 휩쓸리지 않으려 한다. 울고 싶을 만큼 비슷한 경험을 하였지만 나는 이 폭력적 경험을 회심의 기회로 삼으려 한다. 적어도 나 때문에 다른 사람들이 울지 않도록 해야 할 책임감이 생겼으니 그것이 알량한 것일지라도 다행이라면 다행이다. 사람들에게 기쁨이 되지 못할지언정 착한 시민의 도리라도 해야 마땅한 것이다.

어느 날 거래처 직원 한 사람이 내게 말했다.

"신도심에 있는 문구점들에 비상이 걸렸어요."

이유를 묻는 내게 그는 자못 비장하게 대답했다.

"신도심 곳곳에 들어선 ○○○ 있잖아요. 앞으로는 문구, 완구를 더 많이 들여놓는답니다."

○○○은 우리나라 생활용품시장을 장악한 대형 생활형매장을 운영하는 기업을 말한다. 문구업이 사양업종이라 해도 학생들이 존재하는 한 문구류도 돈이 될 거라는 사실을 그들은 간파한 모양이다. 앞에서 언급했던 이 업체는 최근 4년간 매출액이 폭발적으로 증가하며 고속성장을 거듭 중이다. 불경기와 상관없이 이곳에서 운영하는 매장이라면 어디를 가나 사람들로 북새통을 이룬다. 이대로 간다면 대기업 마트와도 한판 결전을 치룰 기세다.

여기서 두들겨 맞고 저기서 패대기쳐지며 그렇지 않아도 아슬아슬하게 살아가는 영세 소매상들이 그들 때문에 고사할 수 있다는 인간적인 가정을 대형 매장 의사결정권자들은 단 한 번이라도 해보았을까. 이건 마치 살이 오를 만큼 올랐으면서도 더 살이 찌고 싶은 거대한 고래 한마리가 먹이를 찾아 헤매는 비쩍 마른 새우들을 하나도 남김없이 먹어치우는 모습을 연상케 한다.

인정머리 없는 시대에 상도商道를 들먹이는 내가 미련한지도 모르겠다. 덩치 큰 그들이 인간적으로 정도껏 하기만을 바랄 뿐, 내가 할 수 있는 일이라곤 나는 그렇게는 살지 말아야겠다는 다짐 말고는 없다. 하지만 그것은 매우 가치 있는 다짐이다. 그러면 되었다. 오히려 더한 다짐도 해본다. 그들을 사랑하지 못해도 미워하진 말자고.

잊을 만하면 일부 언론과 정치인들이 우리나라 자영업의 위기를 세상에 환기시켜 줘서 고마운데 실상 그들의 논지와 정책, 그들의 행동을 보면 자영업자의 처지에 진실로 다가가려는 느낌은 들지 않는다. 가깝게 지내는 사람들조차도 자영업에 대해 무심하다. 별 수 없다. 그저 지켜만 볼 뿐 뭘 어쩌겠는가. 다만, 나도 타인에 대한 공감 능력을 갖추었는지나 자신을 돌아보고 반성할 기회를 가져 보았다. 그러면 된 것이다.

앞으로 나는 버려두었던 나의 자존심을 세워보려고 한다. 내게 남은 자존심은 너무나 보잘 것 없어 그동안 난 스스로를 몹시 홀대하였다. 인생이 실패로 점철되어 동력이 끊길까 말까 하는 사람은 자신을 비하하고 모질게 구는 데 익숙해진다. 그건 옳지 않았다.

자존심을 세운다고 해서 특별할 게 없다. 인간적인 품격과 유머를 갖고 손님들을 여유 있게 대하겠다는 것이다. 자영업자를 은근히 무시하고 깔보는 편견에 맞서는 길은 뒤로 한발 물러서는 여유와 포근한 미소가 아닐까.

그럼에도 불구하고 고도의 인내력을 요구하는 손님에겐 한계를 명확히 긋겠다. 장사하는 사람으로서 갖춰야 할 태도를 거두겠다는 게 아니라 진상 손님 때문에 빚어지는 부당한 상황은 속히 종결짓겠다는 뜻이다. 그동안 그런 손님들에게 단호한 대응을 자제했던 이유는 동네 장사이고 조금이라도 팔아야 한다는 강박이 컸기 때문이다. 하지만 그렇게 팔고 나면 보람은커녕 허탈함과 분노가 뒤섞여 오히려 정신건강을 해친다는 사실을 알았다. 손님을 놓치더라도 나만의 가게 운영방침을 지키는 게 육체적 정신적 건강에 도움이 된다면 앞으로 난 그렇게 하려 한다.

나는 나의 온갖 노고가 투입된 문구점과 서점을 그만 둘 마음의 준비도 해 두었다. 그 시기가 언제 도래할지 나는 가늠

하지 못한다. 자영업 경기가 더 나빠져 차라리 일용 노무직이 더 낫겠다고 판단되는 때일 수도 있고, 불경기에도 불구하고 건물주가 월세를 올리겠다고 일방적으로 통보하는 때일 수도 있고, 여기보다 마음 편하게 장사할 다른 자리가 생겼을 때일 수도 있고, 운이 좋아 이 나이에 직장이 구해지는 때일 수도 있다. 하여튼 걱정하지 않기로 했다.

친구에게 매일매일 안달하며 살지 않기로 했다고 말하자, 내 형편을 아는 그 친구는 "네가 아직 배가 덜 고팠구나." 라고 말했다. 친구 말에 달리 대꾸할 말이 생각나지 않았다. 다만 사랑하지 못해도 미워하지 말자는 나의 다짐이 말로만 끝나지 않게 되기만을 신께 빌었다.

인생은 본래 즐겁지 않다. 고통이 더 많다. 적어도 내겐 그랬다. 다만 인생은 무언가를 향해 걸어가는 과정이 아닐까 생각해보았다. 그런 과정 중에 보람과 행복을 간간히 만나며 우린 즐거워하는 것이다.


최근에 나는 음악을 다시 듣기 시작했다. 모두 어렸을 때 들었던 음악들이다. 지독히도 좋아했다. 70년대 말, 80년대 초 열예닐곱 나이에 미친 듯이 들었던 음악들. 그토록 좋아했던 음악이었는데 군 생활을 마치고 생활전선에 뛰어들면서 조금씩 멀어졌다. 몇 번의 이직과 개인사업 실패 여파로 생활고에 시달리던 나는 가족을 돌보는 데 아무짝에도 쓸모없는 음악을 미련 없이 던졌다. 살아가야 했으므로 주위를 돌아볼 여유도, 그럴 생각도 못 했고, 또 안 했다. 그랬던 음악을 이제야 다시 집어 들었다. 생활은 하나도 나아진 게 없는데 말이다. 여유가 필요했다. 여유를 갖기 위해 음악을 들은 게 아니라 음악을 들으니 여유가 생겼다.

나는 손님들이 오는 시간에는 주로 클래식을 틀어놓는다. 손님이 뜸해지는 8시 30분 이후에는 내가 좋아하는 음악만을 골라 듣는다. 그때마다 밀려드는 행복한 긴장감. 도대체 얼마만인가. 때마침 이 대목을 쓰고 있는 시간은 늦은 밤 퇴근 무렵이다. 난 가게 문을 잠그고 반 헬렌Van Halen의 'Take Your Whiskey Home'을 틀며 한껏 볼륨을 높였다. 눈을 감으니 아련했던 그때가 성큼 다가왔다. 난 어느새 고등학생이 되어 있었다.

# 문방구 아저씨

좌충우돌 자영업 생존기

**지은이**  마정건

**발행일**  2019년 1월 28일

**펴낸이**  양근모

**발행처**  도서출판 청년정신 ◆ **등록** 1997년 12월 26일 제 10—1531호

**주  소**  경기도 파주시 문발로 115, 세종출판벤처타운 408호

**전  화**  031)955—4923 ◆ **팩스**  031)955—4928

**이메일**  pricker@empas.com